RE'PONSE

AU MEMOIRE

IMPRIMÉ SOVS LE NOM DE Monsieur de Gourgues, Maistre des Requestes, nommé Procureur Général de la Commission établie par sa Majesté, pour remettre l'Ordre Archihospitalier, Militaire & Regulier du Saint Esprit de Montpellier, dans ses biens, en execution de l'Edit du mois de Mars 1693.

VANT l'union de l'Ordre du Saint Esprit à celuy de Nostre-Dame de Mont-Carmel & de Saint Lazare, cet Ordre commençoit à joüir d'une partie de ses biens usurpez par des mains prophanes qui en ont dissipé les revenus au préjudice des Pauvres, contre l'intention des Fondateurs.

Ses deux derniers Grands Maistres, les sieurs

A

de la Terade & des Efcures, l'ont retiré d'une décadence prefque entiere ; & il eft à préfumer que fans cette fatale union il feroit rentré dans fes biens, & n'auroit rien perdu de fa premiere gloire.

On n'auroit point à combattre des ennemis fecrets, qui depuis la Xaintonge jufques aux frontieres d'Efpagne, ont confondu les biens de l'Ordre du Saint Efprit dans leur patrimoine, les Pauvres ne feroient pas dépoüillez des revenus du Grand Prieuré d'Aquitaine, & de ceux de la Commanderie de Bordeaux.

Les Prieurez & les Hôpitaux fcituez dans les Landes ne feroient pas en la poffeffion de mains étrangeres ; les Pelerins y feroient receus, on ne verroit pas des édifices prophanes élevez fur des faintes ruines, ni l'artifice de payer les Decimes pour les Benefices de l'Ordre, mettre à couvert ces intrus de la recherche qu'ils craignent.

Handaye, cette ancienne Commanderie de l'Epée rouge, ne feroit pas en proye, ni fes biens diffipez par un faux Titulaire, au préjudice des Pauvres des lieux qui gemiffent, & des Pelerins qui n'y trouvent plus d'Hôpital pour s'y retirer, ni de Barque pour les paffer d'un Royaume à l'autre ; un Prémontré s'engraiffe de leur fubftance, & devore tout ce que les Fondateurs leurs ont deftiné.

Frere Grandvoynet un des pretendus Religieux de l'Ordre, n'auroit pas abandonné le foin des

Pauvres contre son institut, pour estre à la suite du Conseil, sans une mission legitime, celle qu'il pretend avoir eu du Grand Maistre en Saxe de Rome ne peut pas estre receuë en France, ni estre approuvée d'un Procureur general de la Commission, auquel sa Majesté a confié le soin de ses interests.

Le Grand Maistre de Rome n'a aucune intendance sur les biens du Saint Esprit scituez en France, ni aucune jurisdiction sur les Militaires & les Reguliers qui en composent l'Ordre, qui est immediatement soumis au Grand Maistre de France, qui l'est originairement de toute la Chrestienté ; luy seul & le Vicaire general de l'Ordre, ont une inspection legitime, tant sur la conduite des Militaires & des Reguliers, que sur les biens dudit Ordre, ils ne peuvent s'adresser ni au Grand Maistre de Sainte Marie en Saxe, ni mesme au Pape, pour obtenir des Provisions des Benefices, Hôpitaux, Commanderies, & autres biens dépendans dudit Ordre ; c'est ce que le Pape * Sixte IV. a declaré dans sa Bulle donnée à Rome à Saint Pierre l'an de l'Incarnation de nostre Seigneur 1473. le jour de devant les Kalendes de Septembre, le second de son Pontificat, dans laquelle on lit ces mots, *Toutes Bulles & Provisions obtenuës en Cour de Rome des membres dudit Ordre sont nulles. Il est defendu à qui que ce soit d'impetrer du Saint Siege, ni de ses Legats, les Hôpitaux, Maisons, Com-*

sanĉta sede ne-
que à Legatis im-
petrare hospita-
lia, domos, pre-
ceptorias priora-
tus dicti ordinis.

manderies, & Prieurez dudit Ordre.

Ceux qui font le contraire cherchent à se tirer de l'obeïssance qu'ils doivent à leurs legitimes Superieurs, ils ne peuvent estre regardez que comme discoles & indignes des Commanderies dans lesquelles ils se sont intrus. Le Grand Maître ne doit pas souffrir qu'avec des Provisions nulles & obreptices, ils se mettent en possession des biens de l'Ordre, & y ayent aucune sorte d'administration, les exemples qu'ils peuvent alleguer là dessus, sont d'une pernicieuse consequence. Le Grand Maistre de Rome souffriroit-il que ceux qui luy sont legitimement soûmis, prissent des Provisions du Grand Maistre de France, des Commanderies qui sont au-delà des Monts, ce seroit entreprendre sur sa jurisdiction, & il ne manqueroit pas de s'en plaindre aux Officiers de la Cour de Rome. Presume-t-on que celuy qui est préposé pour défendre & faire valoir les interests de sa Sainteté, en la personne du Grand Maistre en Saxe, le souffrit; personne ne s'avise de faire un pareil jugement. On ne sçauroit assez loüer le zele des Procureurs generaux des Parlemens, qui opposent une vigoureuse resistance pour empécher ces abus dans le Royaume, tres-prejudiciables à l'Estat, & aux droits de sa Majesté.

Monsieur le Procureur general de la commission ne peut ignorer cette verité; Il n'ignore pas aussi que cette procuration nulle en elle mesme

par le défaut de pouvoir, l'est encore par la revocation qui en a esté faite par ledit Grand-
Maistre de Rome; Cette revocation a esté si-
gnifiée audit Grandvoynet par frere Beugue qui
a esté constitué à sa place : Il est un des reguliers
qui a reconnu la Milice par une transaction autentique faite entre les Militaires & les Reguliers.

Enfin M. le Procureur general de la Commission ne paroîtroit pas disputer le titre du seul
Officier legitime de l'Ordre du Saint Esprit, &
combatre le point de sa naissance, & sa Milice.

Un peu de connoissance de l'antiquité suffit
pour ramener ce qui s'est passé dans les premiers
siecles de l'Eglise, & nous en donner une idée
parfaite.

C'est elle qui nous apprend que la bien-heureuse Hospitaliere de Jesus Christ, sainte Marthe,
est appellée Fondatrice de l'Ordre ancien Militaire & Archihospitalier du Saint Esprit de Montpellier.

Son Office qu'on chante publiquement dans
l'Eglise, nous en fournit plusieurs preuves. La
premiere est tirée de la premiere leçon où l'on
lit ces parolles ; *La Bien-heureuse & venerable
Hôtesse de Jesus-Christ Sainte Marthe, Archihospi-
taliere de toute l'Eglise de Dieu, Fondatrice de
l'Archihospitalité du Saint Esprit de Montpellier,
& de la sacrée Milice de l'Ordre, & Religion Apostolique du Saint Esprit.*

*Beatissima igi-
tur & venerabilis
hospita Christi
Martha, Archi-
hospitalaris to-
tius Ecclesiæ Dei,
fundatrix Archi-
hospitalitatis Sā-
cti Spiritus Mon-*

tis-Pessulanensis, sacrique ordinis, Militiæ, & Apostolicæ religionis *Sancti Spiritus.*

La seconde de la troisiéme Leçon du troisiéme jour de son Octave ; *Elle employa la moitié de son patrimoine à faire bastir dans la Ville de Jerusalem plusieurs Hôpitaux pour y faire exercer toutes sortes d'actes d'hospitalité par les Chevaliers de sa milice sacrée, dont elle donna le commandement à son frere le Lazare.*

Secundam partem scilicet quidquid jure hæreditario in Hierosolyminitana urbe possidebat, ubi plurima ædificia construxerat, ad exercenda in illis hospitalitatis suæ opera, per milites suæ sacræ Militiæ, quibus preesse fratrem suum Lazarum ipsi fratri suo dedit.

Au quatriéme Verset, *Elle établit à Tarascon une societé composee de cent Sœurs & fonda le Chef de sa milice à Montpelier.*

Sorores in Tarascano, centum ibi sociavit. Et in Monte-pessulano, caput militum fundavit.

A la seconde Leçon du septieme jour de son Octave, *Elle fit distribuer toutes les charitez necessaires à ceux qui en avoient besoin par ses freres les Chevaliers du Saint Esprit, tant dans son Archihospital de Montpellier que dans ses membres.*

Et ideo illa omnia elargiri jussit omnibus quibus opus fuerit, per suos Milites fratres sancti Spiritus, tam in Archihospitali suo Monte-pessulanensi, quam in suis membris.

Un ancien Breviaire Romain imprimé à Paris en 1553. continuë la preuve de cette fondation par sainte Marthe : *Pendant que Magdeleine etoit toute occupée de la priere & de la contemplation, & le Lazare uniquement employé à la Milice, Marthe remplissoit par sa prudence tous les devoirs du frere & de la sœur, & servoit les Chevaliers.* *

Dum autem Magdalena devotioni & contemplationi se totam exponeret, Lazarus quoque plus militiæ vacaret, Martha prudens, Sororis & Fratris partes strenue gubernabat, & militibus famulis ministrabat.

** Cette preuve est tirée de la production du sieur le Franc.*

On ne peut pas avancer qu'elle n'est pas venuë en France, sans contredire le Breviaire Romain, retably par le Saint Concile de Trente, & approuvé par sept Papes. Il y a dans la fin de la premiere leçon du second Nocturne du jour de sa feste, ces mots. *La Providence Divine la conduisit à Marseille avec toute sa famille sans aucune disgrace.*

Dans la derniere du même Nocturne : *Aprés que Marthe eut gagné tous les cœurs des Habitans de Marseille, & se fut attiré leur admiration par la sainteté de sa vie, & par l'ardeur de sa charité ; elle se retira avec quelques Dames tres-devotes dans un lieu éloigné du commerce des hommes.*

Elle établit à Tarascon la même Societé de Dames qu'elle avoit formée à Jerusalem, & à l'imitation de l'hospitalité qu'elle y avoit exercée, même en la personne de Jesus-Christ ; Elle fonda l'Hôpital du Saint Esprit de Montpellier.

Ce n'est donc pas une fixion qui approche bien plus du Roman que de la verité, de dire que Sainte Marthe est venuë en France , & qu'elle peut estre appellée Fondatrice de l'Ordre du Saint Esprit. Il semble même que le respect qu'on doit à l'Eglise ne permet pas qu'on tourne en ridicule ce qu'elle nous laisse croire là-dessus.

Peut-on s'imaginer que Monsieur le Procureur general de la Commssion forme au dernier article de la seconde page de son Memoire pour difficulté de l'institution de cet Ordre par sainte Marthe, qu'il n'y a pas d'apparence qu'une Milice ait esté établie dans la naissance du Christianisme où elle n'auroit eû aucune fonction ; Celle d'avoir foin des Pauvres, de confoler les affligez, prendre fous fa protection les veuves & les orphelins, en eft une des plus agreables à Dieu.

Il n'eft pas neceffaire d'avoir toûjours les armes à la main pour eftre un veritable Chevalier militaire, il fuffit de s'en fervir lors que la Religion & l'Eftat le demandent.

Mais quand cette preuve ne feroit pas d'une fi grande confideration, pour juftifier l'antiquité de la milice de l'Ordre du Saint Efprit qu'elle femble le meriter, celles qui fuivent ne laiffent aucun doute fur cette antiquité fi glorieufe audit Ordre.

Le procés verbal du Baptême d'une Cloche de la Commanderie de faint Pourçain fait le 19. Avril 1660. où il en fut trouvé une autre fur laquelle il y a actuellement, *un Saint Efprit* en relief fur une Croix rayonnante ; & pour legende ces mots en lettres gottiques, *Jefus de Nazaret Roy des Juifs, Lazare, Marthe,* & en chiffre Romain D C. X X X I X. qui marque que cette cloche a efté faite en l'année fix cens trente-neuf; C'eft à dire que lors du Baptefme de la cloche, celle où l'on voit le Saint Efprit, eftoit au clocher 1021. ans auparavant. *

Jefus Nazarenus Rex Judæorum, Lazarus, Martha D C. X X X I X.

* *Ce procés verbal eft produit, & le Baptefme de cette cloche a efté fait par le défunt fieur des Efcures en qualité de Grand-Maiftre de l'Ordre & Milice du Saint-Efprit.*

De cette fupputation, qui eft certaine, on
tire

tire la conſequence que l'Ordre exiſtoit avant le ſixiéme ſiecle ; & ainſi il eſt vray de dire, que M. le P. G. de la Commiſſion n'a pas bien pris le point de ſa naiſſance, de la rapporter à Guido, & au Pape Innocent I I I. l'erreur n'eſt que de 559. ans. Il aura la bonté de faire attention ſur ces parolles gravées ſur cette cloche, *Lazare*, *Marthe*, qui ne peuvent le conduire qu'à l'ancienneté de l'origine de l'Ordre. Ce fait eſt juſtifié dans la production du ſieur de Courſon.

Une donnation faite à la Commanderie du Saint Eſprit de Coûtances par l'Abbé & Religieux de Blanchelande dudit Coûtances en l'année 1113. produit une preuve invincible de cette antiquité de l'Ordre du Saint Eſprit. La donnation eſt énoncée dans un Arreſt du Conſeil d'Etat du 15. May 1665. rendu au rapport de M. Dagueſſeau : cette datte juſtifie donc que l'Ordre eſtoit quatre-vingt-cinq ans avant Guido, & le Pape Innocent I 1 I. ledit Arreſt eſt produit en original par le ſieur Huë de Courſon ſous Vicaire general.

M. le P. General de la Commiſſion ſoûtient pourtant dans ſon Memoire, page 2. art. 3. qu'on n'en peut rapporter l'inſtitution qu'à Guido Seigneur de Montpellier, qui eſt, dit-il, le ſeul & veritable fondateur dudit Ordre ; & par conſequent la milice eſt une viſion fantaſtique, Meſſeigneurs les Commiſſaires jugeront s'il ſe trompe. On eſpere que ces preuves & celles qu'il trouvera dans la suite de ce Memoire, s'il se donne la peine de le lire, le feront changer de langage.

Il ne peut pas aprés ce que l'on vient de rapporter se défendre de recevoir le Chapitre General, tenu à Montpellier l'an 1032. puisqu'il ne doit plus avancer que cet Ordre a pris son origine de Guy Comte de Montpellier : Ainsi toutes les prétenduës nullitez qu'il allegue, tombent d'elles mêmes.

D'ailleurs ce Chapitre de 1032. est couvert par une infinité d'Arrests contradictoires, tant du Conseil privé, que du Grand Conseil, produits par le sieur de Courson Sous-Vicaire general ; entre autre celui du 11. Septembre 1670. rendu contre les Commandeurs de Saint Pourçain, de Bergerac, & de Tonnere, qui les condamne de payer au Grand Maistre de l'Ordre du saint Esprit, les responsions ordonnées par ce Chapitre de 1032.

L'Edit donné en faveur de l'Ordre à Dumkerque au mois de May 1671 regiltré au Grand Conseil le 18. Juin suivant, énonce tous les susdits Arrests, même le Chapitre de 1032. & en ordonne l'execution : Ainsi les fins de non recevoir sont trés bien fondées contre M. le P. G. de la Commission, qui semble ne devoir plus douter de la verité constante de ce Chapitre ; & moins encore en repandre des soupçons dans le public.

On veut bien, néanmoins, sans se départir de la fin de non-recevoir, répondre aux quatre principales objections qu'il fait à la page 5. de son Memoire, les autres n'étant que des Minuties ne meritent pas d'attention.

La premiere objection, ce Chapitre (dit-il) contient un précis & un sommaire des dispositions des Bulles des Papes, qui ont été accordées en faveur de l'Ordre du saint Esprit plus de 2. 3. 4. & 500. ans aprés ce prétendu Chapitre; il laisse au Lecteur le soin d'en tirer la consésequence ; elle est toute naturelle en faveur dudit Chapitre, qui par les Bulles des Papes fait voir sa verité. Les Papes qui l'ont suivi ont pris un Sommaire de ce qu'il contient, & par consequent ils l'ont reconnu & approuvé.

La seconde, que la qualité que l'on donne au Grand Maistre, *de Consiliarius Regius à secretis* est moderne. Cet objection est détruite par le sentiment de Masson dans son histoire de Cherbert, il dit qu'environ l'an 593. un certain Seigneur Conda eut tant de crédit à la Cour de France, qu'il fut fait Conseiller des Conseils du Roy Clotaire.

Hugues de saint Fleurant rapporte qu'Ancelin Evêque de Laon, étoit Conseiller de Charles de Loraine.

Ce n'est donc pas au raport de ces deux Historiens une qualité moderne.

La troisiéme objection, la qualité de Notaire

(dit-il) que l'on aſſûre avoir reçeu ce prétendu Acte Capitulaire qui ſe qualifie Notaire A-
poſtolique & Royal, en fait connoître la ſuppoſition, puiſque les Actes de ce tems-là ſe paſſoient ſans Notaires ; & de plus on ne les quali-
fioit pas Notaires Apoſtoliques & Royaux.

M. le P. G. de la Commiſſion avance dans cet
article deux choſes difficilles à concilier.

La premiere, que les Actes de ce tems-là ſe
paſſoient ſans Notaires ; La ſeconde, qu'ils ne
ſe qualifioient point Notaires Apoſtoliques &
Royaux : il convient donc qu'il y en avoit, en
voulant faire voir qu'il n'y en avoit pas.

Mais pour le forcer d'avoüer nettement que
les actes étoient ſignés de Notaires avant le Chapitre de 1032. le ſieur de Courſon ſous Vicaire
general, a produit un extrait des Antiquitez de
Paris, par lequel il paroiſt que les immunitez,
juſtices, & autres droits, ont eſté accordez à
l'Abbaye ſaint Germain des Prez par le Roy Cha-
ribert, autrement Cherbert, qui vivoit l'an 562.
par un acte ſigné *Amanuenſis*, *Notaire*.

Amanuenſis No-
tarius.

Gregoire de Tours dans ſon Hiſtoire de France livre 9. chap. 26. Bouvet & Fauchet dans leurs
Antiquitez, diſent que la Reine Ingoberge, veuve dudit Roy Cherbert, fit recevoir par un Notaire ſon Teſtament, par lequel elle fit des legs
à l'Egliſe de ſaint Martin de Tours, & à celle du
Mans.

Treſor des Titres
de l'Egliſe de S.
Martin de Tours
& de celle du
Mans.

Aprés une preuve ſi ſolide qu'il y avoit des

Notaires, & qu'ils fignoient les Actes, il n'eft plus queftion que de juftifier qu'ils prenoient les qualitez d'Apoftoliques & de Royaux. On va le faire voir, & mefme qu'elles font infiniment plus anciennes.

Ciaconius, Auteur celebre & tres-eftimé des Sçavans, dit dans fon livre de la vie des Souverains Pontifs, dedié au Pape Urbain VIII. que faint Clement premier du nom quatriéme Pape, crea les Notaires Apoftoliques, en ces termes : *Il inftitua les ornemens Pontificaux, & crea fept Notaires.* Voila leur origine dans Rome. Il ajoûte que ces mefmes Notaires furent introduits dans les Eglifes de Vienne & de Lyon dans les Gaules, avant qu'elles fuffent toutes chrêtiennes.

Ciaconius de vita Pontificum.

Hic Pontificum ornamenta inftituit, & feptem Notarios ordinavit.

Morery, Docteur en Theologie, dit la mefme chofe dans le fuplement de fon grand Dictionnaire Hiftorique, page 38. tome 4.

Baronius dans fes Annalles latines tome 2. page 373. année 238. fait voir que ces Notaires Apoftoliques inftrumentoient en toutes fortes d'actes.

C'eft encore le fentiment de Saint Auguftin rapporté dans la mefme page des Annalles de Baronius en ces termes, parlant des Notaires Apoftoliques ; *Ils font eftimez, dit-il, par l'experience & la capacité qu'ils ont fait paroiftre, non feulement à recüeillir les actes des Martyrs, mais encore en inftrumentant dans toutes fortes de ma-*

Laudatur eorum peritia non in-confcribendis actis Martyrum, fed in publicis excipiendis.

tieres publiques ; Cela est si vray que l'on trouve dans le Bullaire de Cherubin, des Bulles d'Alexandre I I I. qui sont signées de Notaires Apostoliques.

Toutes ces preuves justifient l'ancienneté des Notaires Apostoliques, & qu'ils ont paru à la naissance de l'Eglise à Rome, & aux Villes de Vienne & de Lyon dans les Gaulles, avant même que le Christianisme s'y fut tout à fait établi.

L'Histoire de l'Université de Paris rapporte plusieurs fondations des Colleges qui y sont établis dans les 12. & 13. siecles, signées des Notaires qui prenoient la qualité de Notaires Royaux & Apostoliques.

Il s'en estoit introduit en France un si grand nombre, qu'en l'année 1300. Philippes le Bel défendit par un Edit à toutes personnes d'instrumenter dans le Notariat, excepté les soixante Notaires jurez du Chastelet. Cet Edit se trouve pages 16. 17. 18. & 19. du Recueil des Titres & Privileges des Notaires du Chastelet, compilé par le feu sieur Levesque leur Doyen, imprimé à Paris en 1663. avec Privilege du Roy.

Philippes le Long défendit pareillement par un Edit, à toutes personnes excepté aux Notaires du Chastelet, d'instrumenter dans aucun acte concernant le Notariat. La substance de cet Edit, que l'on appelle la Philippine, se trouve dans ledit Recueil dudit sieur Levesque.

Recueil des Or- Charles V I I I. sur les remonstrances faites par les Etats de Languedoc, sur le chapitre des Notaires, défendit à tous ses Sujets de passer ou faire recevoir leurs contracts & actes par Notaires Imperiaux, Apostoliques ou Episcopaux en matieres temporelles ou prophanes, sur peine de n'estre foy ajoûtée ausdits instrumens. Comme aussi de ne recevoir aucune personne laïque pour estre Notaire Apostolique sur les mesmes peines, ce sont les termes de cette Ordonnance. *donnances par Fontanon, livre 2. du premier to. de la Justice. Des Officiers de Languedoc pag. 245. art. 21.*

Tout le monde sçait qu'en 1032. la France estoit sous la domination d'Henry premier, & Montpellier sous celle du Roy d'Arragon, qui le tenoit en foy & hommage de la Couronne de France, à la charge d'en suivre les Constitutions. Il n'est pas surprenant que les Notaires prissent la qualité de Royaux, puisque leurs Souverains étoient Rois. Il n'est pas surprenant aussi qu'ils y ajoûtassent celle d'Apostolique, puisque ces Notaires s'étoient répandus dans toute la Chrêtienté, & instrumentoient en toute matiere, comme il resulte de toutes les Ordonnances ci-dessus rapportées. Mais il l'est beaucoup que Monsieur le Procureur general de la Commission, ait fondé une nullité du Chapitre de 1032. sur un fait contraire à toute l'antiquité.

La troisiéme objection contre ce Chapitre de 1032. est qu'il porte que pour l'entrée ou droit de passage, on payera quatre mil livres au grand Maistre pour les Chevaliers, & deux mil livres pour les Religieux. On ne comptoit pas (dit-il) dans les onze & douziéme fiecles par livre, mais feulement par marc d'argent & par fols.

S'il fe donne la peine de lire les Gloffaires latines du Sçavant du Cange, to. 2. pag. 284. fur la monnoye, il y verra que du temps de faint Marcellin Pape, qui vivoit en l'an 298. par confequent fept cens trente-quatre ans auparavant le Chapitre de 1032. on comptoit par livres. Voici fes propres termes : *Les Actes du Pape faint Marcellin & du Concile de Soiffons parlent de la livre dont on fe fervoit en Occident pour compter; cela fe voit dans Baronius fous l'année 302. Scaliger & beaucoup d'autres Auteurs fi fouvent rapportez, & fait voir que l'ufage de la livre eftoit du temps des Romains.* Et fur la fin de cet article parlant de Jacques Gothefroy qui a fait un traité des Monnoyes : *Prenez la peine de le confulter fi vous le jugez à propos, y ayant de la honte de remplir fes écrits de remarques tant de fois repetées par les autres Auteurs.*

Le mefme du Cange page 544. du mefme tome parlant de la dignité des Chevaliers Ecclefiaftiques, qui eftoient dans les Eglifes de Vienne & de Lyon, rapporte une fondation faite dans cette Eglife de Lyon en l'année 1207. par un Roy de France de trois nouvelles dignitez de Chevaliers Ecclefiaftiques, à chacune defquelles, outre les autres émolumens il leur fonde cent livres tournois de rente.

Ce fameux Auteur ajoûte dans le mefme tome

Marginal notes:

Libra occidua appellatur in actis fancti Marcellini Papæ, & Synodo Sueffonæ locis à Baronio, anno 302. Scaligero & aliis paffim allatis &c.

Jacobus Gothofredus.
Hunc confule fi lubet, nam pudet ab aliis annotatis & toties repetitis librum in farcire.
Tres novas perpetuas & liberas ibidem fundamus militias & earumdé in redditu centum librarum Turonéfium valore dotamus.

Synodus Vernenfis.

me page 285. au titre *De libra Monetaria*, qu'en 755. le Concile tenu à Vernon, ordonna que la livre ne vaudroit que vingt deux fols. *Nous ordonnons auffi que la livre ne fera compofée que de vingt-deux fols.*

Morery, tome 2. de la troifiéme édition pag. 688. affure que l'ufage de compter par livre eft tres-ancien, mefme dans le Comté de Montpellier ; ce que l'on voit par un échange que l'Evefque & le Chapitre de Maguelone firent avec la France, du temps de Jacques Roy d'Arragon, qui eftoit Comte de Montpellier : l'Evefque & le Chapitre cederent au Roy tout ce qu'ils avoient à Montpellier, moyennant &c. & une rente de cinq cens livres Melgoroifes, à prendre fur la Baronnie de Sauve, à la charge de tenir le tout en fief de la Couronne.

Ruffi qui a fait l'Hiftoire de Marfeille, rapporte dans le tome 2. pag. 325. que la livre Melgoroife eftoit en ufage à Marfeille dans l'onziéme fiecle, *dans lequel a efté tenu ce Chapitre, que Monfieur le Procureur general de la Commiffion contefte tant*, que cette livre ne valoit que fept fols fix deniers, & que la monnoye qui la compofoit avoit efté batuë au nom de l'Evefque de Maguelone, Comte de Melgeüil, d'où ce nom de Melgoroife eft dérivé.

Chopin dans fon traité du Domaine livre 2. titre 7. nombre 15. affure la mefme chofe.

Il refulte de toutes ces preuves que l'ufage de

cómpter par livre, eſtoit bien auparavant le Chapitre de 1032. depuis auſſi, & meſme dans le 12. ſiecle, dans lequel Monſieur le Procureur general de la Commiſſion avance qu'on ne comptoit que par Marcs d'argent & par ſols, ainſi le ridicule qu'il s'efforce de répandre ſur le Chapitre de 1032. ſe diſſipe comme une fumée.

La quatriéme objection tombe par la lecture du Chapitre de 1032. Enfin (dit il) ſupoſé que cet acte fut auſſi veritable qu'il paroît faux & inventé par la nouvelle milice, elle n'en peut tirer aucun avantage, puiſque tous les Chevaliers & Commandeurs dont il eſt fait mention, eſtoient Religieux ; Donc la milice qui paroît aujourd'huy toute ſeculiere, ne peut en aucune maniere ſe ſervir de ce pretendu Chapitre.

Il y a deux choſes à répondre à M. le P. G. de la Commiſſion ; La premiere, que non ſeulement la qualité de Religieux n'exclud pas celle de Militaire, mais au contraire elle eſt neceſſaire ; La preuve de cette propoſition eſt tirée des Statuts du Cordon bleu. M. le P. G. de la Commiſſion ne ſçauroit nier que cet Ordre ne ſoit purement militaire ; Cependant on y fait un Noviciat, des Vœux & une profeſſion, & par conſequent on eſt Religieux.

L'article 17. des Statuts dudit Ordre, parlant des Novices dit ; Leſquels ſuplieront tres-humblement le Roy, de les vouloir honorer de l'habit dudit Ordre, & les recevoir à profeſſion. Et dans l'article 20. l'autre Commiſſion s'adreſſera à deux Commandeurs profez dudit Ordre ; En l'article 22. leur eſtre par ledit Chancellier communiqué & delivré les Statuts dudit Ordre & forme de Vœux. A l'article 27. Puis aprés·le Greffier baillera audit Gentilhomme , la forme des Vœux & ſerment qu'il devra faire.

Il faut donc que M. le P. G. de la Commiſſion abandonne cette méchante preuve de la nullité du Chapitre de 1032. & qu'il convienne qu'il n'y a pas d'ordre, même purement militaire , comme celuy de Sa Majeſté, dans lequel les Chevaliers & Commandeurs ne ſoient appellez Religieux : Il peut ſe ſouvenir de la Gazette de France qui fut donnée au Public le 7. Fevrier 1699. il y avoit à l'article de Verſailles , que Monſeigneur le Duc de Berry avoit aſſiſté en habit de Novice de l'Ordre du grand Cordon bleu à la proceſſion qui s'en fit le jour de la Purification precedente , celle de la Pentecoſte dit la même choſe du Prince Vaini Italien , qui receut l'Ordre du Saint Eſprit à Verſailles de la main du Roy.

Le ſeconde , Que dans les Ordres militaires les Eccleſiaſtiques y peuvent eſtre appellez , & y avoir la principale Intendance , ſans que pour cela leſdits Ordres ceſſent d'eſtre militaires, comme il ſe pratique dans celuy de Sa Majeſté, dont les Statuts , art. 10. portent en ces termes , *Nous ordonnons qu'en iceluy il y aura quatre Cardinaux,*

& quatre Archevêques , Evêques ou Prelats , qui feront Commandeurs , & feront preuve de Noblesse, &c. Et à la fin dudit article ; *Nous ordonnons aussi que celuy qui est à present pourvû de l'Etat de nôtre Grand Aumônier , & ceux qui luy succederont , feront associez audit Ordre , & Commandeurs comme les autres susdits Prelats.*

La consequence que Monsieur le Procureur general de la Commission tire qu'à cause que le grand Maistre doit estre Ecclesiastique , Prêtre, ou du moins Sousdiacre, donc , dit il, la Milice qui paroît aujourd'huy toute seculiere , ne peut en aucune maniere se servir de ce Chapitre, cette consequence ne peut pas se soûtenir.

D'ailleurs il a vû dans le commencement du Chapit. de 1032. Hierôme de Clermont Provincial d'Angleterre , qui estoit un Religieux de l'Ordre du Saint Esprit , dont la dignité répondoit à celle de grand Prieur d'Aquitaine , une des plus belles & des plus riches de l'Ordre , mais aujourd'huy dépouillée de tous ses revenus.

La verité de ce Chapitre est fortifiée par Jean Mariana Auteur tres celebre. Il rapporte dans son Histoire d'Espagne qu'en 1030. il y avoit à Salamanque en Castille des Religieuses du S. Esprit & des Chevalieres , desquels Dom Fernand qui assista au Chapitre de 1032. étoit grand Prieur , d'où l'on peut tirer cette consequence , que l'Ordre du Saint Esprit est plus ancien que Guido , puisque non seulement on le trouve établi en Espagne (car Ferdinand Roy d'Arragon donna aufdites Religieufes du Saint Efprit de Salamanque la Commanderie d'Attalaya & de Palomera de l'Ordre de Saint Jacques en Compoftelle le 9. Novembre 1030.) mais que reconnoiffant fa dépendance de celuy de France, fon antiquité eft inconteftable.

Ce mefme Auteur ajoûte dans ladite Hiftoire, que Jacques Roy d'Arragon, Seigneur de Montpellier, s'étant fervi des Chevaliers du Saint Efprit pour reconquerir le Royaume de Murcie fur les Maures, leur fit bâtir plufieurs Maifons dans fes Etats en l'année 1265. au rapport de la Rocque dans fon traité de la Nobleffe, page 390. chapitre 114. de l'Ordre du Saint Efprit de Montpellier.

Jean-Baptifte de Roche, Confeiller, Aumônier du Roy, dans fon livre intitulé, Defcription generale de l'Europe, pages 561. & 562. dit que lorfque Maguelone qui eftoit anciennement le Siege des Evefques de Montpellier, fut démolie par Charles Martel & Charlemagne, il y avoit quatre-vingt Eglifes, & un celebre Archihofpital du Saint Efprit. C'étoit dans le huitiéme fiecle, & Innocent I I I. & Guido ne parurent qu'au douziéme, ce qui fait voir tres clairement qu'ils ne font pas les fondateurs de cet Ordre.

Gariel, Auteur irreprochable, dit en fon Hiftoire des Evefques de Maguelonè, que le Pape Innocent I I I. approuva le deffein de Guy de rétablir l'Ordre du Saint Efprit de Montpellier qu'il reforma, qu'il estoit presque éteint par la misere des temps, le desordre des Anti-Papes, les abus qui se commettoient dans le Clergé, & les guerres des Infidels qui les tirerent de leur assoupissement de l'année 1144. cinquante ans avant Guido.

On appelloit encore cet Ordre, dit le mesme Auteur, Croisez, Portes-Croix, Chevaliers bleux & autres noms ausquels la Milice estoit attachée. Il le justifie par la Bulle du Pape Urbain I I I. predecesseur d'Innocent I I I. donnée en 1187. à l'occasion des Chevaliers de Boulogne, qu'il appelle *Cruciferi*, Portes-Croix, qui furent obligez de se conformer aux Reglemens faits au Chapitre de 1032.

Cherubin, au haut de la Constitution d'Urbain I I I. qui commence, *Urbanus Episcopus*, ajoûte que le Pape Gregoire X I V. dit que ces Chevaliers Portes Croix, avoient esté approuvez par Saint Clete, reformez par Alexandre I I I. & ses successeurs; ladite Bulle de Gregoire X I V. est la treiziéme dans ledit Bullaire, commence *Romanus*, & est de l'année 1591.

Si Monsieur le Procureur general de la Commission veut se donner la peine de faire quelques serieuses reflexions sur la Bulle du Pape Gregoire X I V. il conviendra, qu'encore qu'il n'y soit parlé que des Chevaliers Portes-Croix, sans dire de l'Ordre du Saint Esprit, on ne peut pas neanmoins, & selon l'autorité de Gariel qui s'explique bien nettement en faveur du Saint Esprit, appli-

quer cette dénomination de Porres - Croix, à
d'autres Chevaliers qu'à ceux du Saint Esprit, puis
qu'il est constant que du temps du Pape saint Clete, il n'y avoit point d'autre Milice hospitaliere,
l'institution de toutes les autres qui ont paru depuis estant posterieure de beaucoup de siecles.

D'ailleurs le Pape Innocent III. n'ayant jamais reformé d'autre Ordre que celuy du Saint
Esprit, à la supplication de Guido, comme il fit
suivant l'autorité de Gariel, qui dit qu'il reforma
les Portes- Croix ; il s'ensuit necessairement que
l'un & l'autre sont la mesme chose, & que le Pape Innocent III. & Guido ne sont que les refor-
mateurs, & non pas les fondateurs de cet Ordre,
puisque le Pape Gregoire XIV. assure dans la
Bulle ci-dessus rapportée, qu'il estoit du temps
de Saint Clete troisiéme Pape, qui vivoit plus de
onze cens ans auparavant Innocent III. que mesme Urbain III. son predecesseur immediat l'avoit
déja reformé.

Il n'est plus permis aprés des témoignages si
celebres de rapporter l'institution de l'Ordre du
Saint Esprit à Innocent III. il ne peut estre tout
au plus que le fondateur de la reforme, puisque
dans sa Bulle il le fait assez connoistre par l'énu-
meration qu'il fait de plusieurs Commanderies de
Spada Rubea, qui ne peuvent convenir qu'à des
Militaires, & non pas à des Reguliers, & moins
encore à des Reguliers reformez. Il y a cette difference entre les premiers qui assisterent au Cha-

pitre de 1032. ou qui eſtoient de ce temps-là, qu'ils ſe méloient des affaires de l'Ordre, & qu'ils y avoient des charges conſiderables.

Il n'en eſt pas de meſme des Religieux reformez par Guido, *Il leur ordonne que pour ſatisfaire à la Regle qu'il a faite ils ſe contenteront d'avoir la vie & le veſtement, s'appliqueront uniquement à faire le ſervice divin, & à l'adminiſtration des Sacremens dans les Hôpitaux, ſans ſe pouvoir meſler en aucune maniere de leurs affaires temporelles.* Voila ce que leur ordonne Innocent III. dans ſa Bulle donnée la ſeptiéme année de ſon Pontificat.

Ipſi autem victu & veſtitu contéti, quem eis ſecundũ eamden regulam præcipimus exhiberi, divinis vacent officiis, & intendant Eccleſiaſticis ſacramentis, ita quod de aliis hoſpitali negotiis nullatenus ſe intromittant.

Ceux que Monſieur le Procureur general de la Commiſſion voit de cet Ordre, ont ils ces marques de leur reforme neceſſaires pour paſſer pour les enfans de Guido; ou bien ne le ſont ils que pour dépoüiller les premiers de l'adminiſtration qu'ils ont dans l'Ordre, & pour aneantir une Milice preſque auſſi ancienne que le Chriſtianiſme?

Si Monſ. le Procureur general de la Commiſſion ſe ſouvient de ce qu'il a ſans doute lû dans le treiziéme tome des Annales latines de Baronius pag. 30. ligne 18. ſous l'année 1199. parlant de la vie du Pape Innocent III. art. 5. à coſté duquel il y a : *Sommaire de ce qu'a fait le Pape Innocent dans la ſeconde année de ſon Pontificat &c.* Il ne doutera plus de la milice de l'Ordre du Saint Eſprit, puiſque ce grand Pape l'a confirmée en ces termes : *Il confirma les Privileges de la Milice hoſpitaliere*

Summarium geſtarum Innocentii Papæ anno ſecundo &c.

Privilegia hoſpitalis militiæ do

hoſpitaliere de la Maiſon de Montpellier.

Baronius eſt un Auteur trop grave, & dont la reputation eſt trop bien établie parmy les Sçavans, pour le ſoupçonner d'ignorance ou d'erreur.

Ce Cardinal aſſure qu'Innocent III. a reconnu la Milice de l'Ordre du Saint Eſprit, & qu'il en a confirmé les Privileges. On en tire deux conſequences tres-avantageuſes à l'Ordre ; l'une que l'Ordre eſtoit avant Innocent III. puis qu'il en confirme les Privileges ; & l'autre que ce Pape l'a reconnu Militaire.

Ce n'eſt donc pas dans la Montagne de la Lune que cette Milice a eſté trouvée, & on ne peut pas la comparer aux Amadis des Gaulles, ni aux Chevaliers errans : ce ſeroit appeller l'hiſtoire d'Innocent III. un Roman, & les Annales latines de Baronius les Amadis des Gaules, ou la Montagne de la Lune. On voit bien par la lecture du Factum du frere Grandvoynet, que ce Religieux a donné à Monſieur le Procureur general de la Commiſſion une idée fabuleuſe de la Milice, pour la rendre ridicule aux yeux du Public, elle eſt pourtant formellement reconnuë par ſa Majeſté dans ſon Edit donné à Dunkerque au mois de May 1671. à l'imitation de Louis XIII. de glorieuſe memoire, & que le Pape Innocent III. a confirmée par ſa Bulle de 1198. en confirmant l'Ordre du Saint Eſprit. Voici les propres termes de l'Edit. *C'eſt pourquoy le feu Roy noſtre tres-honoré Seigneur & Pere, bien informé de la fon-*

mus Montiſpeſ
ſullanæ confir-
mavit.

dation de l'ancien Ordre des Religieux & Chevaliers du Saint Esprit en nostre Royaume, & qu'au préjudice d'icelle & de sa confirmation par le saint Siege de l'année 1198. les Commandeurs du Saint Esprit en Saxe auroient fait, & continuoient plusieures innovations & entreprises ; & voulant y pourvoir &c. Ensuite il ajoûte que, *le grand Conseil a rendu des Arrests en consequence des Declarations & soumissions des Religieux Commandeurs dudit Ordre qui en ont reconnu la Milice.* Si Monsieur le Procureur general de la Commission reflechit un peu sur cet Edit ; il la reconnoistra aussi & il conformera ses sentimens à la decision qu'en a donné Sa Majesté.

Cette Milice est encore prouvée par la donnation faite par Jean Duc de Bretagne, le dernier jour de Seprembre 1434. a Yvon du Val, Chevalier & Gouverneur de l'Eglise & College du Saint Esprit d'Avray, du droit de Foire audit lieu, au jour & Feste de Madame Sainte Elizabeth, pour en joüir par les Chevaliers , & College & leurs Successeurs, Chevaliers, Gouverneurs & Chapelins perpetuellement ; Ce sont les termes de cette Donnation produite par le sieur de Courson.

Si Monsieur le Procureur general de la Commission se donne la peine de lire cette Réponce à son Memoire ; il y verra des Vestiges de l'existance de la Milice de cet Ordre ; il est fait mention dans l'Arrest contradictoire du Grand Confeil du dix-feptiéme Decembre 1644. que Beranger Giron, Grand Maiftre dudit Ordre, envoya vers le Roy Louis XI. Laurent de Riviere Commandeur du Saint Efprit d'Eftampes.

On trouve encore fous Henry II. dans le procés verbal de la redaction de la Coûtume d'Eftampes, fait en l'année 1556. que François de Brinus Commandeur de Saint Jacques de l'Efpée d'Eftempes Ordre du Saint Efprit y a figné. Cette Commanderie d'Eftampes ne peut convenir qu'à un Militaire, eftant de *Spada Rubea*, de l'Epée Rouge.

La fondation de Louis XI. d'une Collegialle dans le *Prieuré feculier* du Saint Efprit, lés Bayonne, le 11. du mois de May 1483. marque clairement que ce Prieuré eftant fimple, feculier & de la dépendance de l'Ordre du S. Efprit, & ne pouvant eftre poffedé par un Regulier ; il l'étoit par des Ecclefiaftiques qui font du corps de la Milice, qui s'eft perpetuée autant qu'elle a pû furmonter les obftacles de fes ennemis, & arrefter l'avidité de s'emparer de fes biens.

Cette fondation eft produite par le fieur Hué de Courfon Sous-Vicaire general.

. La feulle Bulle de Paul V. produitte par le fieur de Courfon Sous Vicaire General, fuffit pour confondre les ennemis de la Milice ; Elle s'explique fi precifement & avec tant de netteté qu'il n'y a pas de prevention qui puiffe tenir contre.

On la met icy toute entiere pour defabufer le Public, des impreffions qu'il pourroit avoir prifes du Memoire de Monfieur le Procureur general de la Commiffion, contre la Milice.

Facultas Chriſtianiſſimi Regis Franciæ, perpetui adminiſtratoris ordinis Sancti Spiritus, ſtatuta pro illius proſpero regimine, neceſſaria & utilia, edendi, corrigendique, & immutandi.

PAULUS PAPA V.

Cariſſimo in Chriſto filio noſtro, Henrico Francorum Regi Chriſtianiſſimo, Salutem & Apoſtolicá benedictionem.

§. I.

HINC eſt, quod nos ſupplicationibus ejuſdem Majeſtatis tuæ quæ militaris Ordinis Sancti Spiritus, perpetuus adminiſtrator exiſtit; nomine nobis humiliter porrectis in-

Pouvoir au tres-Chrêtien Roy de France, perpetuel Adminiſtrateur de l'Ordre du Saint Eſprit, de faire des Statuts, les corriger, les changer, & pour l'utilité & l'heureux gouvernement dudit Ordre.

PAUL PAPE V.
du nom.

A noſtre tres-cher fils en Jeſus - Chriſt Henry Roy de France, tres-Chreſtien, Salut & benediction Apoſtolique.

§. I.

NOUS accordons volontiers à vôtre Majeſté, animée du zele de la religion Catholique, les graces qu'elle nous demande ; c'eſt pour cela qu'étant portez d'inclination à favoriſer V.

clinati tibi, & pro tempore existenti dicti ordinis administratori seu Magno Magistro, ut quæcúque Statuta prædicti ordinis pro ut temporum & rerum qualitas & ratio exegerit, ac tibi, & administratori seu Magno Magistro pro tempore existenti expediens videbitur. Corrigere, seu in meliorem formam reducere, reformare, alterare, mutare, & interpretari; ac aliá dicti ordinis, illiusque militum, rerum & bonorum prosperum statum, Regimen & guberniú, felicemque directionem & administrationem concernentia, ac alia ordini & militibus prædictis necessaria, & utilia, licita, tamen & honesta, sacrisque Canonibus & Concilii Tridentini decretis, nec non Consti-

M. qui est perpetuel Administrateur de l'Ordre Militaire du S. Esprit, & le grand Maistre qui l'est pour le temps, ayant égard à l'humble supplication qui nous a esté faite de vostre part, Nous vous permettons & donnons tout pouvoir, à vous grand Administrateur perpetuel, & au grand Maistre pour le temps, de corriger tous les Statuts dudit Ordre, les reduire en meilleure forme, les changer, reformer, alterer, interpreter selon que le tems & la raison peuvent l'exiger. Et comme vous Administrateur perpetuel, & vous grand Maître pour le tems, le trouverez à propos de les corriger, alterer, leur donner une meilleure forme, les changer, interpreter, aussi bien que les autres choses qui regardent

tutionibus & ordinatio-
nibus Apoſtolicis non
contrariâ, de novo ac
ex integro condere, &
facere, libere & licite
poſſis & valeas, ac poſ-
ſit & valeat plenam li-
beram facultatem,& li-
centiam ac authoritaté
apoſtolica authoritate
tenore præſentium con-
cedimus & elargimur.
Nonobſtantibus Con-
ſtitutionibus & ordina-
tionibus apoſtolicis cæ-
teriſque contrariis qui-
buſcumque. Datum Ro-
mæ apud ſanctum Mar-
cum &c. die decima
ſeptima Aprilis, mille-
ſimo ‑ ſexcenteſimo ‑
octavo, anno tertio.

*l'heureux gouvernement,
& la bonne adminiſtra-
tion des biens des Mili-
taires dudit Ordre necceſ-
ſaires & utiles auſdits
Militaires, pourvû qu'el-
les ſoient honneſtes &
permiſes, & qu'elles ne
ſe trouvent pas contraires
ni aux Canons du Concile
de Trente, ni aux De-
crets, Conſtitutions &
Ordinations Apoſtoli-
ques; Nous vous en don-
nons par ces Preſentes un
plain & entier pouvoir &
autorité. Fait à Rome le
dix ſeptiéme Avril mil
ſix cens huit.*

Et infrà ſcriptum eſt :

Affirmo & teſtor hanc-
ce Bullam extractam eſ
ſe fideliter ac de verbo
ad verbum tranſcriptâ
ex Bullario Romano

Et au deſſous eſt écrit:

*Le ſouſſigné frere Be-
noiſt de ſainte Genevíéve
Bibliotequaire du Con-
vent des Auguſtins De-
chauſſez de Paris, certifie*

Bibliothecæ noſtrę Cóventus Pariſienſis Auguſtinianorum diſcalceatorum die 17. Februarii 1699. Sig. F. Benedictus à ſancta Genovefa dicti Conventus Bibliothecarius.

que cette Bulle eſt fidellement tirée & tranſcrite mot à mot du Bullaire Romain qui eſt dans nôtre Bibliotheque. A Paris ce dix ſeptiéme Fevrier mil ſix cens quatre-vingt dix-neuf.

Elle ne peut avoir ſon application à l'Ordre du Cordon bleu par pluſieurs raiſons ; la premiere que dans cet Ordre il n'y a pas deux Adminiſtrateurs, l'un perpetuel & l'autre pour le temps, parce que le mort y ſaiſiſſant le vif, il n'y a pas d'inſtant ſans Roy, & c'eſt dans ce ſens là, qu'il eſt appellé Adminiſtrateur perpetuel.

Le Pape dans cette Bulle deſigne deux perſonnes par ces parolles, *inclinati tibi*, parlant au Roy, *& pro tempore exiſtenti dicti ordinis Adminiſtratori ſeu Magno Magiſtro*, & au grand Maiſtre.

Ces deux perſonnes ſe trouvent dans l'Ordre du Saint Eſprit de Montpellier, le Roy en eſt l'Adminiſtrateur perpetuel, & le grand Maiſtre qu'il nomme l'eſt pour le temps.

On voit cette difference bien établie dans une autre Bulle de Paul V. accordée à la priere d'Henry I V. à ſaint Marc le 16. Fevrier 1608. au ſujet du grand Ordre du Roy ; elle ne parle que du Roy en ces termes, *dont voſtre Majeſté eſt perpetuel Adminiſtrateur*, ſans y ajoûter comme à l'autre, Cujus Majeſtas tua perpetuus Adminiſtrator exiſtit.

un grand Maistre pour le temps. Cette difference en produit une des Ordres qu'elle regarde.

La deuxiéme, que dans l'Ordre établi par Henry III. il y a des Statuts faits par ce Prince, indépendemment de l'autorité de Rome, qui ont esté observez par les Rois ses successeurs, à la reserve de celuy qui défend de donner le Cordon bleu à des étrangers. Et parce que Henry IV. estoit lié par le serment solemnel fait sur les saints Evangiles par le Roy Henry III. tant pour luy que pour les Rois ses successeurs, qu'il avoit renouvellé à son sacre, & dont il ne pouvoit estre relevé que par le Pape, il supplie Paul V. de le dispenser dudit serment ; cette dispense eût esté inutile si la Bulle ci-dessus citée eut regardé le grand Ordre du Roy, parce que le Pape y donnant la liberté de faire des Statuts & de les reformer, il eût tout changé comme il eût jugé à propos, sans avoir besoin d'une seconde Bulle.

La troisiéme, que le grand Ordre de sa Majesté n'a aucun revenu ni Commanderies, quoy que le Roy nomme tous les Chevaliers Commandeurs, ils n'ont neanmoins qu'une pension assignée sur le marc d'or, dont l'Etat se renouvelle tous les ans, sans quoy ils n'ont rien. Morery dans son Dictionnaire historique page 1209. tome premier, de la deuxiéme édition, imprimée à Lyon en 1681. parlant du Saint Esprit : Il nomma, dit-il, parlant du Roy, ces mesmes Chevaliers, Commandeurs, parce qu'il avoit fait dessein à l'exemple

ple d'Efpagne, d'attribuer à chacun d'eux une Commanderie fur des Benefices, mais le Pape & le Clergé n'y voulurent pas confentir; le Roy leur affigna à chacun une penfion de mil écus à prendre fur fes coffres, cela eft tres-conftant. Il l'eft auffi que dans la fufdite Bulle mife au long dans ce Memoire, il eft parlé des biens dudit Ordre du Saint Efprit, de leur gouvernement & adminiftration: *Illiufque Militum, rerum, & bonorum profperum Statum, regimen & gubernium, felicemque directionem & adminiftrationem.* Cette troifiéme raifon acheve de convaincre que la fufdite Bulle ne peut regarder que l'Ordre du Saint Efprit de Montpellier, dans laquelle la milice eft formellement reconnuë. Cette Bulle auffi bien que celle pour l'Ordre de fa Majefté, que l'on met ici tout au long comme la precedente, pour en faire voir la difference & les divers Ordres qu'elles regardent, font produites par ledit fieur Huë de Courfon Sous-Vicaire general dudit Ordre du Saint Efprit de Montpellier, dont l'origine, l'ancienneté, & la milice viennent d'eftre établis.

PAULUS PAPA V.	PAUL PAPE V.
Chariffimo in Chrifto filio noftro Henrico Francorum Regi Chriftia-	A noftre tres-cher fils en Jefus-Chrift Henry Roy de France

niſſimo, Salutem &
Apoſt. Bened.

§. I.

MAjeſtatis tuę no-
mine nobis nu-
per expoſitũ fuit quod
Statutis militaris ordinis
ſanctiSpiritus cujus Ma-
jeſtas tua perpetuus Ad-
miniſtrator eſt, inter alia
cautum eſt, ne exteri,
qui habitati & regni
Franciæ incolæ nó ſunt,
in milites dictæ militiæ
recipiantur die vero ge-
neralis Congregationis
dicti ordinis, quando
etiam ad habitus per e-
juſdem militiæ milites
geſtari ſoliti ſuſceptionẽ
admittitur, ut tam Ma-
jeſtas tua quam officia-
les dicti ordinis, & mi-
lites & quiſquis ad ha-
bitum admittitur : ſan-
ctiſſimum Euchariſtiæ
Sacramentum ſumere
teneantur.

§. II. Cum autem ſi-
cut eadem expoſitio

tres-Chreſtien, Salut
& bened. Apoſtol.

§. I.

IL nous a eſté repre-
ſenté de la part de V.
M. que par les Statuts de
l'Ordre militaire du Saint
Eſprit, duquel elle eſt
reconnuë perpetuel Ad-
miniſtrateur, il eſt dé-
fendu entr'autres choſes
que les étrangers qui ne
ſont pas naturalizez &
habitans du Royaume de
France, ne ſoient pas re-
ceus Chevaliers dans cette
milice, & que le jour de
la Congregation generale
dudit Ordre, lors que
quelqu'un eſt receu pour
prendre l'habit que les
Militaires de ladite mili-
ce ont accoûtumé de por-
ter, tant V. M. que les
Officiers dudit Ordre, les
Chevaliers & celuy qui
doit eſtre receu, commu-
nient.

Et comme voſtre Re-
queſte contenoit encore

subjungebat, Majestas tua, quæ sicut, & prædicti officiales, & milites Statuta hujusmodi observare voto & juramento se astrinxerunt, ad Spiritus Sancti gloriam, & catholicæ fidei exaltationem dictū ordinem etiam extra regnū Franciæ longius diffundi, & in exteris fidei prædictæ zelo conspicuos, ac alios juxta ejusdem ordinis Statuta qualificatos extēdi posse plurimum desideres; & cumque etiam dicto die generalis Congregationis & administrationis ad habitus susceptionem aliis negotiis· & officiis Magna cum mentis agitatione, potius quam orationi & spirituali contemplationi vacari soleas, sanctissimum Eucharistiæ sacramentū aliquot diebus ante, longe majori

que V. M. les Officiers dudit Ordre, & les Chevaliers s'étoient obligez par vœux & serment d'en observer les Statuts, la gloire du Saint Esprit, le zele de la religion Catholique, semblent desirer que cet Ordre s'étende au delà des bornes du Royaume de France. Vous nous témoignez souhaiter beaucoup, que les étrangers animez du zele de la religion, & les personnes distinguées par leur naissance & par leur rang, participent à l'honneur de cet Ordre, & qu'on n'attende pas à recevoir le S. Sacrement de l'Eucharistie le jour qu'on doit donner l'habit au nouveau Chevalier, mais que ce soit quelque temps auparavant, afin d'estre plus recueilli & moins occupé des affaires de l'Ordre. C'est pour cela que V. M. nous a tres-

cum reverentia & fpirituali fructu fumi poffet, idcirco eadē Majeftas tua nobis humiliter fuplicari fecit ut in præmiffis de benignitate apoftolica providere dignaremur.

§. III. Nos igitur qui illa quæ ad Spiritus fancti gloriam, & catholicæ fidei exaltationem cedunt ac fideliū devotionem augent, ejufdem fancti Spiritus gratia fuffragante promovere defideramus, ordinis prædicti propagationi & militum ejus animarum faluti quantum cum Domino poffumus confulere volentes, hujufmodi fupplicationibus. inclinati, votum & juramenta prædicta, illis in cæteris omnibus in eiis contentis firmis remanētibus, authoritate apoftolica tenore præfentium re-

humblement fait fuplier de pourvoir de noftre autorite apoftolique à fa demande.

Nous donc qui fouhaitons ce qui regarde la gloire du Saint Efprit, la devotion des fideles & l'exaltation de la foy Catholique, qui peuvent augmenter; ayant e'gard à la requefte qui nous a efté faite de voftre part, & des Militaires de l'Ordre du Saint Efprit, de vous difpenfer & eux auffi du vœu & ferment que vous avez fait de n'y recevoir pas les etrangers, ce que nous vous accordons de noftre autorité Apoftolique. Voulant que le refte contenu en vos Statuts demeure dans fa force & vertu, & qu'il n'y foit rien changé,

laxamus , eiſque Maje-
ſtas tua & prædicti offi-
ciales ac milites exteros
etiam non habitatos ,
nec regni Franciæ inco-
las Catholicos tamen ,
& gratiam & commu-
nionem Sedis apoſtoli-
cæ habentes dicto Sta-
tuto nonobſtantes in
milites dictæ militiæ ,
admittere illique ad-
mitti (dum modo ta-
men in eorum admiſ-
ſione aut alia quomo-
documque qui nó Ma-
jeſtatis tuæ ſed aliorum
principum aut domino-
rum ſubditi & vaſſalli
exiſtentes , votum ali-
quod aut juramentum
non emittant aut preſ-
tent, quod poteſtati aut
ſuperioritati , & juriſ-
dictioni aut alicumque
juri Principum ſeu do-
minorum, quorum ſub-
diti aut vaſſalli erunt
quomodolibet adverſe-
tur , libere & licite poſ-

permettant à V. M. aux
Officiers & Chevaliers de
l'Ordre militaire du S.
Eſprit, d'y recevoir les
étrangers , meſme ceux
qui ne font pas leur ſe-
jour dans le Royaume de
France , pourveu qu'ils
ſoient Catholiques, Apo-
ſtoliques & Romains, &
qu'ils ne faſſent aucun
vœu ni ſerment qui les
diſpenſe de l'obeïſſance
& fidelité qu'ils doivent
à leurs Princes legitimes
deſquels ils reſteront
toûjours ſujets & vaſ-
faux. Nous vous accor-
dons auſſi de recevoir,
Vous , les Officiers de
vôtre Ordre , les Cheva-
liers, & celuy qui doit
eſtre admis dans voſtre
Milice , le Saint Sacre-
ment de l'Euchariſtie,
huit jours avaut celuy de
la Congregation generale,
auquel il luy ſera donné
l'habit de Chevalier mi-
litaire , mais auparavant

sint nec non ut Majestas tua, Officiales & Milites prædicti & quisquis, ad dictæ militiæ habitus susceptioné admittitur non ipso die Congregationis generalis & quo habitum *il presentera une attestation comme il a communié. Donné à Rome en l'Eglise de saint Marc le seiziéme Fevrier 1608. la troisiéme année de nôtre Pontificat.*

suscipit, sed infra octavam præcedentem, sanctissimum Eucharistiæ sacramentum suscipere valeant & teneantur (ita tamen ut ante diem Congregationis & admissionis ad habitum hujusmodi, tam Officiales & Milites quam ad habitum admittendi se prædictum sacramentum infra dictum tempus suscipisse legitime ostendant) eadem authoritate concedimus, & indulgemus, & votum ac juramentum prædicta adhunc effectum commutamus & pariter relaxamus, ac statuimus & ordinamus.

§. IV. Nonobstantibus præmissis, ac dictæ Militiæ Statutis etiam juramento Roboratis cæterisque contrariis quibuscumque. Datum Romæ apud sanctum Marcum & die decima sexta Februarii millesimo sexcentesimo octavo, Pontificatus nostri anno tertio.

Etabliſſement du droit de M. de la Terrade.

MOnſieur le Procureur general de la Commiſſion page 12. de ſon Memoire à la fin,
premier article, avouë qu'Urbain VIII. a donné
une Bulle à M. de la Terrade, qui eſt de l'année
1625. le 17. des ides de May, la ſeconde année de
ſon Pontificat, regiſtrée au Grand Conſeil le 14.
Aouſt 1628 qui le qualifie, dit-il, Commandeur
de la Commanderie generale de l'Ordre ancien
du Saint Eſprit. Cette expreſſion ne luy paroiſt
pas aſſez forte pour conſentir que ledit ſieur de la
Terrade ait des Bulles qui ſoient le titre de ſa
Commanderie. Il eſt pourtant impoſſible de
trouver dans la langue Latine un terme plus éner-
gique, ni une expreſſion plus forte que celle de
ladite Bulle, dont voicy les propres mots : *Nôtre
cher fils Olivier de la Trau de la Terrade, General,
Grand Maiſtre de l'Ordre du Saint Eſprit au delà
des Monts, nous ayant fait depuis peu repreſenter*
&c. Il faudroit, dit-il, page 12. rapporter des
Proviſions de Cour de Rome, ou un Brevet de
nomination, & des Bulles pour juſtifier qu'il en
a eſté titulaire ; la Bulle d'Urbain VIII. eſt une
Proviſion de Cour de Rome, & on ne doit pas
croire qu'ayant eſté accordée ſur les inſtances de
Louis XIII. ſa Majeſté ne luy en eut auparavant
donné le Brevet.

Exhibita ſi quidé nobis nuper pro parte dilecti filii Olivarii de la Trau ſive de la Terrade præcep- toris generalis ultra montes or- dinis Sancti Spi- ritus &c.

Il continuë dans la mefme page, aprés des paroles fi claires, dont le fens ne peut eftre mis en doute, de foûtenir que ledit fieur de la Ter-rade n'a jamais eu de Bulles, parce que, dit il, Rome ne reconnoît pas une milice dans l'Ordre du Saint Efprit. Ce qui a fait que le fieur des Efcures n'en a jamais pû obtenir.

Cette objection a efté fi bien détruite, & le contraire fi fortement établi par plufieurs Bulles, & entr'autres celle de Paul V. & mefme d'Innocent III. au rapport de Baronius, que ce feroit tomber dans des redites ennuyeufes d'en parler davantage.

Il fuffira de répondre dans cet endroit à la nouvelle raifon qu'il infinuë dans ladite page de fon Memoire. Il pretend que c'eft le Brevet de nomination du Roy, s'éforçant de perfuader que nos Rois n'ont jamais exercé ce droit.

Monfieur le Procureur general de la Commiffion, qui eft obligé par fes fonctions de foûtenir & de défendre les droits du Roy, & les glorieux avantages de fa Couronne, ne peut ignorer que celuy de nommer aux grandes Prelatures de fon Royaume, eft auffi ancien que la Monarchie. Il n'y a pas deux avis la deffus. Tous les Auteurs tant anciens que modernes qui ont traité de cette matiere en conviennent. Ils ajoûtent mefme que nos Rois ont exercé ce droit fept ou huit cens ans auparavant le Concordat fait entre Leon X. & François I. qui donne moins à nos Rois la nomi-

nation

nation des grandes Prelatures électives, qu'il ne les rétablit dans ce droit ancien attaché à leur Couronne. M. Patru fait valoir cette jurifpruden-ce dans un de fes Plaidoyers.

Aprés la lecture du Concordat, Monfieur le Procureur general de la Commiffion fera obligé d'avouër que fa Majefté a pû tres-legitimement donner des Brevets de la Commanderie generale de Montpellier, & que Rome n'en peut prendre un pretexte legitime de refufer des Bulles à ceux que le Roy honore de fa nomination.

Par ledit Concordat de Leon X. & François I. les Rois doivent nommer à toutes les grandes Prelatures de France électives. Monfieur le Procureur general de la Commiffion ne difconviendra pas que celle de Montpellier ne foit une des plus confiderables du Royaume, tant par fa jurifdiction originaire fur toute la Chreftienté, que par le grand nombre de Commanderies, Hôpitaux, Prieurez & Maladeries qui font à fa nomination.

Il avouëra auffi qu'elle eft élective, la Bulle d'Innocent I I I. donnée la troifiéme année de fon Pontificat, le feptiéme des Calendes de Decembre 1198. l'explique nettement, parlant à Guido :

Aprés voftre mort & celle des Commandeurs generaux qui vous auront fuccedé en quelque maniere que ce foit, que perfonne ne pretende par intrigue ou par force, fe faire nommer grand Maiftre, fi la plus grande & plus faine partie des Freres, où Obeûte vero te, nunc ejufdem loci Magiftro, vel tuis quomodolibet fucceffori-bus, nullus generalis, fuæ præ-

sumptionis astu-
tia, vel violen-
tia præponatur,
nisi quem Fratres
communi con-
sensu, vel Fra-
trum pars consi-
lii saniorum, se-
cundum Deum
providerunt eli-
gendum.

tous ensembles ne l'ont canoniquement élû d'un commun consentement.

C'est donc une verité tres constante que sa Majesté a par le droit attaché à sa Couronne (reconnu par Rome dans le Concordat de Leon X.) le droit de nommer à la grande Maistrise de l'Ordre ancien Archihospitalier, Militaire & Regulier du Saint Esprit, parce qu'elle est une des plus éminentes Prelatures du Royaume, & d'ailleurs élective. C'est la doctrine de tous les Jurisconsultes, & de Messieurs les Procureurs generaux, du moins ceux qui sont en titres, dont les Charges n'ont pas une plus importante fonction que celle de défendre & de soûtenir les interests de la personne sacrée de sa Majesté & les Privileges de l'Eglise Gallicane.

On voit avec douleur Monsieur le Procureur general de la Commission contredire le Brevet que le Roy a donné à M. l'Abbé de Luxembourg de la grande Maistrise & Milice de l'Ordre. Les Reguliers sont dans le silence, ou pour mieux dire, ils ont reconnu par une transaction passée pardevant Boisseau & son Collegue Notaires au Chastelet de Paris le 22. Aoust 1697. entre les Chevaliers militaires & eux, que l'Ordre est composé de Militaires & de Reguliers, & que sa Majesté a droit de nommer le grand Maistre. En pouvoit-elle choisir un qui convint mieux d'estre à la teste de l'Ordre le plus ancien de l'Eglise que le digne successeur du premier Baron

Chreftien, qui n'eft pas moins l'heritier de fes éminentes vertus que de fa haute naiffance, & dont l'illuftre maifon a donné un grand nombre de Heros à la France, qui ont vaincu fes ennemis auffi fouvent qu'ils ont eu la temerité de paroiftre devant eux.

Il n'eft donc plus queftion de fçavoir, comme l'avance Monfieur le Procureur general de la Commiffion dans la feconde page de fon Memoire art. 2. qui font les veritables membres & fupôts dudit Ordre ; ni de decider fi c'eft un corps purement regulier ou feculier, ou bien s'il peut eftre un corps mixte compofé de Reguliers & de Seculiers. C'eft une peine & une fatigue inutile ; la tranfaction qui eft produite par ledit fieur de Courfon fous Vicaire general, decide tout. Grandvoynet eft revoqué, les Archives de Befançon font pleines de milice.

D'ailleurs, Monfieur le Procureur general de la Commiffion ne fçauroit ignorer qu'il peut y avoir un Ordre compofé de Militaires & de Reguliers. Le premier tome des Annalles Françoifes de Baronius art. 10. pag. 94. l. 41. fous l'année 1219. fons le Pontificat d'Honoré I I I. parlant de Nôtre Dame de la Merci, dit en termes exprés que, *L'Ordre de la Merci eft compofé de Chevaliers & de Moines, qui font tous commandez par le General qui fait fa refidence à Barcelonne, qui doit eftre Preftre felon le decret de Clement V. & de Jean XXII.*

Toute la queſtion ſe reduit à ſçavoir ſi feu M. des Eſcures à eſté grand Maiſtre, & ſi ledit ſieur Huë de Courſon eſt ſous Vicaire general, c'eſt ce que l'on va ſolidement établir dans la ſuite de cette Réponſe.

Le Pape Urbain VIII. dans ſa Bulle du 7. Avril 1625. ſatisfait la curioſité de Monſieur le Procureur general de la Commiſſion, dans la p. 6. art. 1. de ſon Memoire, il eſt en peine de ſçavoir où eſtoit l'Ordre depuis 1032. juſqu'à M. de la Terrade, comment toute la Milice & ſes Chevaliers ont pû diſparoiſtre & s'évanoüir, ſi ce n'eſt peut eſtre, dit il, qu'ils reſſemblent à ceux dont il eſt fait mention dans les Amadis des Gaulles.

Cette Bulle fut accordée au ſieur de la Terrade & à Jean Hacteus Procureur general de l'Ordre, dans laquelle on trouve que dans la naiſſance de l'hereſie de Luther & de Calvin, répanduë dans toute la Chreſtienté, les Heretiques s'emparerent des biens de l'Ordre, juſques-là que les Officiers ne firent aucune viſite, & qu'il eſtoit tombé dans une eſpece de décadence, dont le ſieur de Terrade le releva, par des ſoins, des travaux & de grandes dépenſes. Voici les propres mots de ladite Bulle. *C'eſt pourquoy ledit Ollivier s'eſt chargé du ſoin & de l'adminiſtration dudit Hôpital, dans lequel il y avoit tres-long-temps que les Officiers qui en avoient l'inſpection n'avoient pû faire aucune viſite, à cauſe des deſordres arrivez tant par les Heretiques, que par tous les autres enfans d'iniquité, qui s'étoient emparez de tous les biens appartenans à tout ledit Ordre du Saint Esprit, ou qui en dépendoient, ce qui luy avoit fait de grands & notables préjudices. Ledit Olivier a retiré par ses soins, ses peines, & sa dépense, des mains de ces usurpateurs au moins quinze Commanderies, & peut estre davantage, & les a rétably dans leur premier état.*

non nulli tam Hæretici, quam alii iniquitatis filii, quã plurimas domos, hospitalia, præceptorias, Capellas & Oratoria, in diversis mundi partibus existentia, & ad primo dictũ hospitale expectantia, seu ab eo dependentia, eorumque res & bona, in maximum totius ordinis Sancti Spiritus ejusdem prejudicium invaserant, & usurpaverant. Olivarius quindecim, ac forsan plures præceptorias ex manibus tam hæreticorum quam aliorum præfatorum illa indebite occupantium Magnis expensis, laboribus & vigilia recuperavit, & in pristinum restituit.

Il est donc vray par les propres termes de cette Bulle qui est dans la production dudit sieur Huë de Courson sous Vicaire general, que l'Ordre estoit tombé dans une décadence par la persecution des Heretiques, qui ont ravagé la France depuis le regne de François premier, & par des enfans d'iniquité qui en ont usurpé les biens pour en faire leur propre patrimoine.

Le sieur de la Terrade pendant le cours de son regne, qui a esté de trente années, a obtenu plus de cent Arrests contradictoires, soit au Conseil Privé, au Grand Conseil, ou aux Parlemens de Paris & de Touloüze en qualité de Grand Maistre de l'Ordre militaire & regulier du Saint Esprit.

Il a rempli pendant qu'il a esté revêtu de cette

éminente dignité, toutes les fonctions qui en dépendent avec tant d'exactitude, de pieté & de tendreſſe pour les Pauvres, qu'il merita la protection de la Reine mere qui l'en honora toûjours. Rien n'eſt comparable à cet éloge, & ne fait mieux connoiſtre le merite de ce grand Maiſtre.

Cependant ce n'eſt pas aſſez pour empeſcher Monſieur le Procureur general de la Commiſſion de l'appeller un viſionnaire, un chercheur de milice dans les montagnes de la Lune; un homme ſans Bulles ni titres legitimes de la Grand-Maîtriſe, le principe d'une ſource impure & infectée. Les Papes, le Roy, toute la Maiſon Royale, & ſingulierement la Reine mere le reconnoiſſent pour Grand Maiſtre; Monſieur le Procureur general de la Commiſſion n'en convient pas; les déciſions de ſa Majeſté ne ſont pas dans cette occaſion une regle des ſiennes.

Il veut ſans avoir égard à ce témoignage ſacré que le ſieur de la Terrade ſoit un impoſteur, & il le combat de toute ſon autorité. Urbain VIII. dans ſa Bulle du 7. Avril 1625. ci-deſſus rapportée, dit qu'il eſt le Reſtaurateur de l'Ordre, le Défenſeur du patrimoine des Pauvres. Et Monſieur le Procureur general de la Commiſſion détruit cet éloge par ſon Memoire.

Le Roy dans ſes Lettres accordées le neuf Septembre 1647. declare en termes formels & précis, que l'Ordre du Saint Eſprit eſt militaire & regulier : en voici la teneur.

LOUIS par la grace de Dieu Roy de France &
de Navarre; A nos amez & feaux Conseillers les
Gens tenans nostre Grand Conseil, Salut. Guillau
me Bourier Vicaire general de l'Ordre & Milice
* du Saint Esprit, Nous auroit tres-humblement
fait dire, qu'en consequence des Pouvoirs que nous
avons concedez à ceux dudit Ordre, il auroit remis
diverses Commanderies & Hôpitaux aprés plusieurs
procés contre les usurpateurs. Et voulant continuer
en tous les lieux pieux, tant Hôpitaux que Maladeries de nostre Royaume, de nos Villes & Villages,
il y auroit trouvé de la resistance, ne voulant re-
connoistre ledit Bourier que pour les Commanderies
& Hôpitaux du Saint Esprit, encore bien que l'intendance, direction, collation & disposition de tous
les Hôpitaux appartiennent à ceux dudit Ordre;
lesquels rétablissemens des lieux pieux, ledit Bourier craint luy estre debatus par les Communautez
contre qui il a affaire, & autres usurpateurs s'il
n'a sur ce nos Lettres patentes. A ces causes, desi-
rant l'entier rétablissement dudit Ordre, aprés
avoir fait voir à nostre Conseil l'Original des Lettres patentes concedées audit Ordre, de nos prede-
cesseurs Rois d'heureuse memoire, ci-attachées sous
le contre-scel de nostre Chancellerie, De l'avis d'iceluy & de nostre certaine science, pleine puissance &
autorité Royale, Avons donné, & par ces Presen-
tes donnons direction de tous Hôpitaux, Maladeries, & lieux pieux de nostre Royaume, de quelque
qualité qu'ils puissent estre audit Bourier, au nom

qu'il procede, pour les pourvoir d'Administrateurs tels qu'il jugera neceſſaires ; icelle défendons à tous ceux qui ne ſont dudit Ordre, ſans qu'iceux puiſ-ſent eſtre tenus d'en rendre compte qu'à leur Ge-neral, ou à ceux qui ſeront par luy députez. N'en-tendons préjudicier à ceux qui ſont d'inſtitution reguliere, & à ceux qui ſont fondez par nos de-vanciers, dont la Collation appartient à noſtre grand Aumônier ; ce que nous voulons eſtre montré & ſignifié à tous ceux qu'il appartiendra, & be-ſoin ſera &c. Le neuviéme jour du mois de Sep-tembre, l'an de grace 1647. & de noſtre Regne le cinquiéme.

Si Monſieur le Procureur general de la Com-miſſion a la bonté de lire ces Lettres, qu'il trou-vera dans la production dudit ſieur de Courſon ſous Vicaire general, il ne pourra pas diſconve-nir que ſa Majeſté n'ait reconnu l'Ordre, militai-re & regulier ; & qu'elle ne veüille, non ſeule-ment que les Hôpitaux & Maladeries qui dé-pendent de l'Ordre du Saint Eſprit, ſoient pour-veus d'Adminiſtrateurs par le Vicaire general dudit Ordre, mais encore tous ceux du Royau-me, à moins qu'ils ne ſoient de fondation roiale, dont la Collation appartient au grand Aumonier.

Cependant Monſieur le Procureur general de la Commiſſion joint tous les jours les biens dé-pendans de l'Ordre du Saint Eſprit aux Hôpitaux des Villes & Villages du Royaume. Le Roy par ſon Edit de deſunion de Noſtre-Dame de Mont-Carmel

Carmel & de faint Lazare, veut & entend que les biens qui appartiennent à l'Ordre du Saint Efprit luy foient rendus : Monfieur le Procureur general de la Commiffion les luy ofte. Sa Majefté honore M. l'Abbé de Luxembourg du Brevet de la grand Maiftrife du fufdit Ordre ; Monfieur le Procureur general de la Commiffion, dit que l'on ne voit pas que jamais nos Rois ayent exercé le droit de nomination fur cette Commanderie. Les Bulles des Papes, les décifions de nos Rois, les fentimens des Jurifconfultes , les Arrefts tant du Confeil Privé du Roy, que de toutes les Cours Souveraines du Royaume, qui tous declarent cet Ordre militaire, entr'autres celuy du grand Confeil, rendu contradictoirement le 17. Decembre 1644. entre le grand Aumônier de France & Monfieur de la Terrade, grand Maître dudit Ordre, ne peuvent le dépoüiller de fes fentimens. Il feroit à fouhaiter pour la gloire de l'Ordre qu'il voulut fe renfermer à examiner ; non pas le droit du Roy qui n'a eu jufques ici aucuns contradicteurs ; mais quels font les biens qui appartiennent à l'Ordre du Saint Efprit pour les luy rendre, & à voir quel eft le veritable Officier de l'Ordre, ce qui paroift l'effentiel de fa Commiffion.

On ne croioit pas que Monfieur le Procureur general de la Commiffion, qu'on fçait avoir de la vertu & de la pieté, d'eût comparer la Milice de cet Ordre qui eft confacrée à défendre les

G

biens des Pauvres, aux Amadis des Gaules, &
qu'il la fit defcendre des montagnes de la Lune;
fi cette Milice a paru fur quelque montagne, c'eft
fur celle où le Sauveur du monde a fait tant de
miracles, verfé tant de l'armes de fang, & enfin
operé le falut de tous les hommes par une mort
ignominieufe.

Entre les fonctions que le fieur de la Terrade
a fait en qualité de grand Maître, on trouve
plufieurs Provifions qui font dans la production
du fieur de Courfon fous Vicaire general; il y en
a de Chavalier en faveur de Daniel Verny du 12.
Fevrier 1645. de la Commanderie de Toul; à
Philippes le Bœuf du 9. Janvier 1651. au fieur de
Merlés du 8. Juin 1653. au fieur de Lingende de
Chevalier; au fieur Edeline de Greffier en chef
de la Milice. Il y a encore un tranfport fait par
ledit fieur de la Terrade, pardevant Payfant Notaire au Chaftelet de Paris le 28. Octobre 1651.
au fieur de la Rochebernard Gentihomme or-
dinaire de la Chambre du Roy, Procureur general de la Milice, de la fomme de trente mil
livres. Il y a encore des Provifions de l'Office
de Receveur & Payeur en faveur de Jean Baptifte
Maxienne, fieur de Salincourt, du huit Janvier
1654.

Establissement du droit de M. des Escures.

APRE'S la mort de Monsieur de la Terrade, le Roy donna un Brevet à Messire Jean Alexandre des Escures de la Commanderie generale de l'Ordre ancien Archihospitalier, militaire & regulier du Saint Esprit de Montpellier. Cela est justifié par l'Arrest du Grand Conseil, qui permet au sieur des Escures de prendre possession de ladite Commanderie generale, produit par le sieur Huë de Courson sous Vicaire general dudit Ordre.

Ce Brevet est du 4. Janvier 1656. sur lequel ledit sieur des Escures chargea un Banquier expeditionnaire en Cour de Rome de poursuivre auprés de Sa Sainteté, l'obtention des Bulles de ladite Commanderie generale.

Cependant le 30. Septembre 1658. il presenta Requeste au Grand Conseil, tendante à ce qu'il plût luy permettre de prendre possession dans la Chapelle de Saint Germain de Lauxerrois ; à cette Requeste estoit attachée copie dudit Brevet & le Certificat du Banquier, comme il faisoit ses diligences pour avoir des Bulles sur la nomination du Roy à ladite Commanderie generale.

Arrest du Grand Conseil qui luy permet de prendre possession pour la conservation de ses droits , fauf à la reïterer quand il aura obtenu des Bulles.

Le Pape Alexandre VII. luy accorda une Bulle de ladite Commanderie generale le 15. Juin 1658. Il la fit enfuite fulminer par M. l'Evefque de Clermont fon Evefque Diocezain , ou fon Official le 14. May 1659. avec laquelle il fut à Montpellier , où il prit en perfonne poffeffion réelle , actuelle & corporelle le 14. Juin 1659. Cette prife de poffeffion bien & deuëment collationnée , eft dans la production dudit fieur de Courfon Sous-Vicaire general dudit Ordre du Saint Efprit.

Cette Bulle ne peut pas eftre mife en doute , Monfieur le Procureur General de la Commiffion a eu le temps de la voir dans la production de M. l'Abbé de Luxembourg ; Il y a pû voir auffi plufieurs Arrefts contradictoires , tant du Grand Confeil que du Confeil Privé , dans lefquels Monfieur des Efcures eft expreffement reconnu & qualifié Commandeur general de l'Ordre militaire & regulier du Saint Efprit ; Entr'autres celuy du Confeil privé du 13. jour de May 1664. rendu au rapport de Monfieur de Bercy Maiftre des Requeftes qui prononce en ces termes. *VEU la Bulle de Sa Sainteté du 15. Juin 1658. en faveur dudit des Efcures , par laquelle Sa Sainteté l'a fait Protonotaire , & l'a pourvû de la grande Maîtrife de l'Ordre ancien Militaire * & Regulier du Saint Efprit de Montpellier.*

Monſieur le Procureur General de la Commiſſion ne peut diſconvenir de cette verité ; mais
pour la rendre moins ſenſible, il ſoûtient dans
le dernier article de la page 12. de ſon Memoire,
que le ſieur des Eſcures a obtenu un ſimple Bref
pour être Protonotaire Apoſtolique, mais qu'il
n'a jamais eu de Bulles de la Commanderie generale de l'Ordre du Saint Eſprit de Montpellier :
Les ſuſdits Arreſts contradictoires du Conſeil
Privé & du Grand Conſeil aſſurent le contraire,
il permettra qn'on s'en tienne à leurs deciſions.

On ne peut pas dire que cette Bulle n'eſt qu'un
ſimple Bref de Protonotaire Apoſtolique ; Monſieur le Procureur General de la Commiſſion eſt
trop habile pour avancer qu'on fulmine les Brefs
pour eſtre ſimplement Protonotaire Apoſtolique, ce qu'il ſeroit contraint d'avoüer s'il ne di-
ſtinguoit pas une Bulle d'un Bref ; il ſçait que
la double grace qu'elle accorde ne peut pas changer leur nature, ni leur donner le nom de Bref
au lieu de Bulles, parce que la denomination
doit ſe prendre de la plus noble partie.

M. l'Evêque de Clermont, ou ſon Official eût
eſté peu inſtruit de la difference qu'il y a d'un
ſimple Bref de Protonotaire Apoſtolique, à une
Bulle, s'il avoit fulminé le premier, ce qui n'eſt
pas d'uſage ; Monſieur le Procureur general de la
Commiſſion n'a pas fait attention à la difference qu'il y a d'une Bulle à un ſimple Bref ; il
veut bien que dans une queſtion de fait jugée

G iij

par tant d'Arrefts contradictoires ci-deffus citez; on s'en rapporte à ce qu'ils ont prononcé, & qu'on foit perfuadé avec autant de raifon que de juftice, que Monfieur des Efcures avoit des Bulles.

L'Abbregé de l'Hiftoire de France par Duverdier tome troifiéme page 259. parlant de l'entrée du Cardinal Chigi Legat à latere dans la Ville de Paris en l'année 1664. rapporte que Monfieur le Legat arrivant à l'Abbaye de Saint Antoine, fût falué par Monfieur des Efcures Commandeur de l'Archihofpital du Saint Efprit de Montpellier, General & Grand Maiftre des Hofpitaliers du Saint Efprit, qui luy fit fes complimens au nom de tout fon Ordre, & qu'en fuite il refta auprés de fon Eminence en qualité de Protonotaire du Saint Siege.

Il eft donc eftabli Grand Maiftre par le concours de deux Puiffances, cependant Monfieur le Procureur General de la Commiffion, pour faire douter de cette verité, luy fufcite un adverfaire au dernier article de fon Memoire pages 7. & 8. C'eft le fameux Apoftat Gautier, qui par un Arreft du Confeil rendu fur les avis de M. de Marca Archevefque de Toulouze; le Pere Anate Confeffeur du Roy & autres le 7. Novembre 1657. eft maintenu en la qualité de Grand Maiftre de l'Ordre du Saint Efprit; deffenfes audit des Efcures de l'y troubler.

Voilà le Corps de referve de Monfieur le Pro-

cureur General de la Commiſſion & ſon Palla-
dium, pour aneantir la milice en la perſonne de
Monſieur des Eſcures.

Pour la parfaite intelligence de ce fait, il eſt
neceſſaire de ſçavoir que le nommé Gautier,
échapé des Capucins, aprés y avoir fait tous ſes
vœux, ſa profeſſion, & exercé quelques charges
dans ſon Monaſtere ; las d'une vie ſolitaire & pe-
nitente, eſcalada les murailles de ſon Convent,
s'en fût à Rome, où par la faveur de Monſieur
de Lionne, pour lors Ambaſſadeur pour Sa Majeſté, il ſurprit des Bulles, nulles en toutes manie-
res, au moyen deſquelles il fit de differens mou-
vemens dans l'Ordre du Saint Eſprit. Monſieur
des Eſcures qui en eſtoit Vicaire general, &
nommé par le Roy à la Grand-Maîtriſe, crût
eſtre obligé de s'y oppoſer.

Ce different donna occaſion au Roy de nommer des Commiſſaires, devant leſquels M. des
Eſcures ne deffendit point, ayant eſté conſeillé de
s'attacher à obtenir ſes Bulles ; Il intervint l'Arreſt
par deffaut, dont il vient d'eſtre parlé, que Monſieur le Procureur General de la Commiſſion dit
(p. 8. art. 2.) eſtre un Arreſt ſi ſolemnel, & rendu avec ſi grande connoiſſance de cauſe ; il ne
paroît pas qu'on doive avancer qu'un Arreſt par
deffaut, & par conſequent ſans aucune défenſe
de la partie condamnée, puiſſe eſtre appellé un
Arreſt ſi ſolemnel, & rendu en ſi grande connoiſſance de cauſe ; ces exaggerations ne peu-

vent impofer ny à Nosseigneurs les Commiffaires ny au public.

On verra par les obfervations fuivantes qu'il eft inutile de s'efforcer de faire valoir cet Arreft.

La premiere, qu'il eft rendu par deffaut fur fimple Requefte, & non fur les productions refpectives des parties, par confequent rendu fans connoiffance de caufe. Cet Arreft ne peut pas faire la matiere de l'éloge de M. de Marca, les ouvrages qu'il a donné au public parlent affez de fon merite, fans qu'il faille y ajoûter un Arreft fur fimple Requefte rendu au Confeil fur fon avis ; Monfieur le Procureur general de la Commiffion a moins loüé dans cette occafion M. de Marca, qu'il n'a loüé Gautier l'Apoftat.

La feconde obfervation eft, que M. des Efcures lors du fufdit Arreft, n'avoir point encore obtenu les Bulles de la Grand Maiftrife de l'Ordre du Saint Efprit de Montpellier, car des qu'il les eût tout changea de face, le Confeil Privé rendit un Arreft contradictoire le 15. May 1665. au rapport de Monfieur Dagueffeau pour lors Maiftre des Requeftes produit par ledit Sieur Huë de Courfon Sous-Vicaire General, en bonne forme, qui détruit cet Arreft fur Requefte que Monfieur le P. G. de la Commiffion, fait fonner fi haut, qui cependant eft moins que rien, comme tous les autres faits dont fon memoire eft remply.

La troifiéme obfervation eft, que le Confeil

ny

ny les Commiſſaires, lors qu'ils rendirent le ſuſ-
dit Arreſt ſur Requeſte, n'eſtoient pas inſtruits
que la Congregation des Cardinaux avoit declaré ledit Gautier Apoſtat par ſon Decret du 24.
Novembre 1645. ils ignoroient encore qu'il avoit
eſté pareillement declaré Apoſtat par la Bulle
d'Innocent X. du 24. Novembre 1646.

Ces deux Decrets, ſi juridiquement rendus, ont
eſté confirmez par un Arreſt du Grand Conſeil
du 28. Juin 1652. contradictoirement rendu contre ledit Gautier, les Religieux Capucins qui le
reclamoient, & les autres parties y dénommées.

Si Meſſieurs les Commiſſaires du Conſeil
avoient eſté bien inſtruits de la vie ſcandaleuſe &
libertine dudit Gautier & de ſon apoſtaſie, ils
n'auroient pas rendu cet Arreſt ſur Requeſte,
dont Monſieur le Procureur general de la Commiſſion, s'eſt fait contre la Milice un dernier re-
tranchement; Mais enfin le voila emporté, &
reduit en cendre par les foudres du Vatican, &
à rien par les Arreſts du Conſeil.

En voicy encore pluſieurs contradictoires tres-
importans du Grand Conſeil en faveur du Sieur
des Eſcures, des 9. May 13. Juillet 1662. 20. May
1663. au ſujet de la Commanderie generale; ces
Arreſts ſont dans le veu d'un Arreſt contradictoire du Conſeil Privé, rendu entre le Sieur des Eſcures & les aueres y denommez du 13. May 1664.
au rapport de Monſieur de Bercy Maiſtre des
Requeſtes, dont il vient d'eſtre parlé, dans leſ-

H

quels la qualité de Commandeur General & de Grand Maiſtre de l'Ordre Militaire & Regulier luy eſt donnée.

Cependant Monſieur le Procureur general de la Commiſſion, ſe recrie dans le dernier article de ſon Memoire p. 12. que le Sieur des Eſcures a pris fauſſement la qualité de Commandeur General de l'Hôpital du Saint Eſprit ; Gautier luy paroiſt honneſte homme , & Monſieur des Eſcures un fauſſaire ; Rome & la France ont beau dire que le premier eſt un apoſtat , & l'autre un Commandeur General de l'Ordre du Saint Eſprit , Monſieur le Procureur general de la Commiſſion ne ſe rend pas à ce temoignage.

Des Eſcures (dit-il) a eſté repris par une Sentence du Chaſtelet du 7. Octobre 1667. qui l'à noté & condamné à une peine infamante ; donc il n'a pû donner aucune Miſſion ny caractere à la Milice.

C'eſt une maxime certaine , que tout ce qu'un homme pourveu d'une charge ou dignité a fait avant que les fonctions luy en ſoient interdites par une puiſſance legitime, eſt bon & valable ; perſonne n'en peut diſconvenir ; D'ailleurs la Sentence dont il s'agit , a eſté infirmée par Arreſt du Parlement du 29. May 1668. produit par ledit Sieur de Courſon Sous-Vicaire General.

Nulle difficulté que ledit ſieur des Eſcures n'ait pû hors la Vicomté de Paris d'où il a eſté banny, faire les fonctions de sa Charge & dignité de Grand Maistre.

Monsieur le Procureur general de la Commission, toûjours attentif à aneantir la Milice, n'a pas fait ses reflexions sur le Bref d'Alexandre VII. addressé à l'Archevêque de Narbonne & autres Evesques, dans lequel ce Pape donne au sieur des Escures la qualité de Commandeur general de l'Ordre & Milice du Saint Esprit ; ce Bref est de 1665. la dixiéme année de son Pontificat, sept ans aprés que ce Pape luy eût accordé des Bulles sur la nomination du Roy, de la Grand Maîtrise dudit Ordre Militaire & Regulier du Saint Esprit.

Aprés avoir solidement établi le sieur des Escures grand Maistre dudit Ordre du Saint Esprit de Montpellier, par le concours de deux Puissances, qui seules peuvent disposer de la grand-Maistrise par leur mutuelle autorité, la Royale d'un Brevet, * & la Pontificale d'une Bulle sur ledit Brevet, * il n'y a plus à desirer de la part dudit sieur des Escures, que de rapporter quelques unes des Provisions qu'il a accordées en ladite qualité de grand-Maistre.

Les Arrests qu'on vient de rapporter en font mention.

Brevet du Roy, du 1. Aoust 1693.

* Aujourd'huy premier jour d'Aoust 1693. Le Roy estant à Marly, sa Majesté voulant procurer l'entier rétablissement de l'ancien Ordre Militaire & Archihospitalier des Chevaliers & Religieux du Saint Esprit, Elle auroit par son Edit du mois de Mars de la presente année, verifié en son Grand-Conseil le neuf Avril dernier, & de la Declaration donnée en consequence le quinze dudit mois, desunis tous les biens appartenans audit Ordre, qui avoient esté ci-devant unis à celuy de Nostre-Dame de Mont-Carmel & de Saint Lazare. Et pour rendre ledit Ordre aussi celebre dans ce Royaume, où il a pris son origine de sainte Marthe qu'il a esté autrefois, & qu'il est dans tous les autres Royaumes de la Chrestienté où il s'est répandu.

S; Majesté aprés avoir esté informée que la Commanderie generale & Chef dudit Ordre du Saint Esprit de Montpeller, est vacante & destituée il y a long-temps d'un veritable & legitime Titulaire ; & voulant choisir un sujet digne de remplir cette dignité, par sa doctrine, sa pieté, sa naissance, & de la soûtenir par son bien & son credit, afin de ne pas exposer ledit Ordre aux mesmes inconveniens où il s'est trouvé par l'impuissance & l'incapacité de la plus part de ceux qui ont esté autrefois pourveus de ladite Commanderie generale, & qui ont presque causé la ruine & l'aneantissement dudit Ordre ; Sa Majesté a estimé ne pouvoir mieux faire, que de choisir la personne de Messire Pierre Henry Thibault de Montmorency Luxembourg, Diacre du Diocese de Toul, Abbé Commandataire de l'Abbaye d'Orcamp, fils du Mareschal Duc de Luxembourg, Premier Baron Chrestien, Gouverneur de Normandie, Commandeur des Ordres de sa Majesté, & General de ses Armées ; & en consideration des autres recommandables qualitez dudit sieur Abbé de Luxembourg, auquel effet, sa Majesté luy a fait don de ladite Commanderie generale & Chef de l'Ordre Militaire & Archihospitalier des Chevaliers & Religieux du Saint Esprit de la Ville de Montpellier, lieu où le Chef dudit Ordre a esté reconnu par nos Saints Peres les Papes, en quelque sorte & maniere qu'elle puisse vacquer ; m'ayant à cette fin, sa Majesté, commandé d'en expedier toutes les dépesches qui seront necessaires audit sieur Abbé de Luxembourg &c. Signé, LOUIS. Et plus bas, PHELYPEAUX:

Celles accordées par ledit sieur des Escures au sieur Charles Huë de Courson de Sous. Vicaire General dudit Ordre du Saint Esprit du 25. Fevrier 1665. au bas desquelles est l'acceptation du serment de fidelité : Autres Lettres accordées par ledit sieur des Escures à Jean Velut sieur de la Croniere du 7. Avril 1665. au bas desquelles est pareillement la prestation & acceptation de serment de fidelité. Autres aussi à Antoine le Franc, de Reviseur dudit Ordre ; Elles sont en originale dans la production dudit le Franc.

Requeste réponduë par ledit sieur des Escures contre les faux Chevaliers & assemblées illicites produite en original par ledit le Franc.

Autres provisions de Chevaliers & Officiers d'Epée.

Toutes lesdites provisions font produites en bonne forme , partie dans la production de Monfieur l'Abbé de Luxembourg , les autres dans celles des fieurs le Franc , & de Courfon Sous-Vicaire General.

Il ne refte plus qu'à faire voir que le fieur Huë de Courfon eft inconteftablement Sous-Vicaire General dudit Ordre , que fon titre eft certain , qui luy permet d'en faire toutes les fonctions ; c'eft ce qui va eftre juftifié d'une maniere invincible.

Monfieur le Procureur general de la Commiffion, dans les pages 12. & 13. de fon Memoire, foûtient que les qualitez de Vicaire general & de Sous-Vicaire font de nouvelle fabrique , dont il eft impoffible de juftifier non feulement l'inftitution , mais le fimple exercice au delà des fieurs de la Terrade & des Efcures : ce font fes termes.

On le prie de fe fouvenir qu'au Chapitre General tenu à Montpellier en 1032. Antoine Perrerius y affifta en qualité de Vicaire generale de l'Ordre du Saint Efprit , tant au fpirituel qu'au temporel , il n'eft plus permis à Monfieur le Procureur general de la Commiffion de douter de la verité de ce Chapitre , reconnu par Sa Majefté dans fon Edit donné à Dunkerque , & par une infinité d'Arrefts contradictoires prefque de toutes les Cours fouveraines du Royaume , comme il eft juftifié dans les precedens articles.

Il faut donc , que Monfieur le Procureur ge-

n'eral de la Commiſſion, convienne que la qualité de Vicaire General & de Sous-Vicaire n'eſt
pas de nouvelle fabrique, & qu'il faut neceſſairement qu'il y en ait dans tous les autres Ordres
compoſez de Militaires & de Reguliers, comme
eſt celuy du Saint Eſprit de Montpellier.

Mais ſans remonter juſqu'au Chapitre de 1032.
on vient de juſtifier dans la défenſe de M. de la
Terrade, que le Roy accorda à Guillaume
Bourier Vicaire general de l'Ordre & Milice du
Saint Eſprit de Montpellier, des Lettres du 9.
Septembre 1647. Sa Majeſté y reconnoiſt que la
dignité de Vicaire general n'eſt pas de nouvelle
fabrique; leſdites Lettres ſont tout au long dans
cette réponſe.

Ce principe étably ſur la volonté du Roy,
celuy de Monſieur le Procureur general de la
Commiſſion eſt renverſé; toutes les conſequences qu'il en tire ſont nulles; il n'eſt donc plus
queſtion avec luy que de le convaincre, que ledit ſieur Huë de Courſon eſt ſous Vicaire general dudit Ordre. Pour y parvenir il faut que ledit
ſieur de Courſon ſe trouve reveſtu de cette dignité par un titre certain & autentique.

Il vient d'eſtre prouvé que le ſieur des Eſcures
a eſté grand-Maiſtre dudit Ordre militaire & regulier du Saint Eſprit. Ce fait eſt certain, il l'eſt
auſſi qu'il accorda audit ſieur Huë de Courſon des
Proviſions de la Charge de ſous Vicaire general
dudit Ordre & Milice le 25. Fevrier 1663. au bas

desquelles est la prestation de serment dudit sieur Huë de Courson, & l'acceptation du sieur des Escures grand Maistre dudit Ordre. Cette date fait connoistre que l'expedition desdites Provisions est anterieure de quatre années huit mois à la Sentence du Chastelet, qui est du 7. Octobre 1667. & à l'Arrest du Parlement qui est du 29. May 1668. qui le qualifie grand Maistre auparavant l'Arrest du Conseil rendu au rapport de M. d'Aguesseau qui est du 15. May 1665. & par consequent dans un temps non suspect & hors de toute atteinte.

Par les susdites Lettres ledit sieur Huë de Courson a le droit de porter la Croix, d'assister au Chapitre, & d'exercer les fonctions de sa Charge. Il a toûjours depuis ce temps là profité de tous ces avantages, assistant au Chapitre convoqué par ledit sieur des Escures, & en son absence y president luy-mesme, & faisant des Chevaliers, ce qu'il a pratiqué pendant que ledit sieur des Escures gardoit son ban pour satisfaire à l'Arrest de la Cour.

C'est donc un titre donné par un grand Maître, reconnu en cette qualité par le Roy, qui luy donna un Brevet de ladite Commanderie generale le 4. Janvier 1656. & par le Pape Alexandre VII. qui luy en donna des Bulles le 15. Juin 1658. comme il vient d'estre justifié.

Il est donc certain que ledit sieur Huë rapporte un titre qui ne peut luy estre contesté, puisque le sieur des Escures grand Maistre reconnu par Rome & par sa Majesté, le luy a donné; il l'a mesme exercé pendant la vie dudit sieur des Escures en plusieurs occasions, & aprés sa mort sans aucune contradiction legitime; ce qui ne contribuë pas peu à en assurer la verité, quoy qu'elle se soûtienne assez d'elle-mesme.

Il est vray que ledit sieur de Courson ne rapporte qu'une copie collationnée de son titre, parce que M. de Louvois se rendit le maistre de l'original : voici de quelle maniere.

Le Roy ayant uni l'Ordre du Saint Esprit de Montpellier à celuy de Nostre-Dame de Mont-Carmel & de saint Lazare par son Edit du mois de Decembre 1672. registré au Grand Conseil le 20. Fevrier 1673. & à la Chambre Royale sceante à l'Arcenal le 25. desdits mois & an. Monsieur de Louvois Ministre & Secretaire d'Etat, commanda de la part de sa Majesté à tous ceux qui prétendoient estre Officiers dudit Ordre du Saint Esprit de luy en rapporter leur titre.

Ledit sieur Huë de Courson sous Vicaire general, prompt à obeïr aux ordres du Roy, fit faire une copie collationnée de son titre en la meilleure forme qu'il est possible. Il l'a fit signifier à M. le Camus de Beaulieu, & en fit ensuite chez un Notaire, un acte d'aport pour la seureté de ce titre, dont il fut à Versailles porter l'original à M. le Marquis de Louvois, qui ordonna au feu sieur Dufresnoy son premier Commis de le recevoir.

voir. C'est dont il a rendu des témoignages pu-
blics.

Ledit sieur Huë de Courson sous-Vicaire general, ne pouvoit garder une conduite plus respec-
tueuse à l'égard de M. de Louvois, ni plus pru-
dente pour la conservation de son titre, dans la
necessité où il estoit d'en remettre l'original. Rien
donc de plus certain que son titre, duquel on ne
peut raisonnablement douter, l'exercice qu'il en
a fait durant la vie de M. des Escures, au veu &
au sçeu de tout le monde ne laisse aucun scrupu-
le sur la verité. M. des Escures auroit-il permis
qu'un homme fit ces fonctions s'il ne luy en avoit
donné l'autorité & le pouvoir par un titre éma-
né de luy & signé de sa main; cela ne peut estre
ny crû ny mesme imaginé, il l'a toûjours reconnu Sous-Vicaire general, & il luy en a donné la
qualité dans les Lettres qu'il luy a écrit; ledit
sieur de Courson en a produit une du 22. Juin
1677.

Mais ce qui fortifie encore ce titre, c'est qu'a-
prés l'Edit de desunion de l'Ordre du Saint Esprit
de Montpellier, de celuy de Nostre-Dame de
Mont-Carmel & de saint Lazare, ledit sieur de
Courson a continué autant qu'il luy a esté possible les fonctions de sa dignité, en faisant une
promotion de Chevaliers de tout ce qu'il y a de
grand dans le Royaume aprés la Maison Royale,
& d'un nombre considerable de Gentils-hom-
mes d'une noblesse distinguée.

I

Tous ceux qui compofent cette illuftre Promotion, rendront témoignage de la generofité & du defintereffement dudit fieur de Courfon, qui n'a jamais eu en veuë fon intereft particulier, mais feulement celuy de l'Ordre auquel il s'eft attaché de procurer des défenfeurs, & de luy donner une forte protection contre fes ennemis; Il efperoit de la Juftice de fa caufe, & de la volonté du Roy fi précifement marquée en faveur de la Milice dans fes Lettres pattentes, fes Edits, fes Declarations, & dans un fi grand nombre d'Arrefts de fon Confeil, que Monfieur le Procureur general de la Commiffion l'aideroit de fon miniftere, pour en faire triompher les pauvres, dont le fecours le plus affeuré, & la protection la plus folide eft dans la Milice.

Ce titre fi reel & fi effectif ne peut donc pas eftre regardé (comme l'avance Monfieur le Procureur general de la Commiffion dans fon memoire p. 9. art. 3.) comme un preftige pour tromper le public, & filouter impunement l'argent des particuliers ; ces termes injurieux ne fçauroient faire dans le public, l'impreffion qu'en attend Monfieur le Procureur general de la Commiffion, le fieur Hue de Courfon Sous Vicaire general n'ayant rien exigé comme il paroiftra par les reconnoiffances qu'il a tiré des Chevaliers aufquels il a délivré des provifions, mais il a feulement receu ce qu'on luy a volontairement offert, & qu'il affure avoir employé pour la défenfe de l'Ordre. Il promet de le juſtifier auſſi bien que ſa conduite.

Il eſt certain qu'il ne ſçauroit y avoir un titre mieux étably que celuy dudit ſieur Hue de Courſon Sous Vicaire General ; & il eſt inutile d'examiner s'il a pû en ladite qualité , nommer Pierre Egaſſe du Boulay Vicaire general dudit Ordre , puiſque ledit Egaſſe du Boulay n'eſt pas dans l'inſtance.

Cependant la deciſion de Monſieur le Procureur general de la Commiſſion , qu'un Sous-Vicaire dans la vacance de la Grande-Maiſtriſe & du Vicariat general ne peut pas nommer un Vicaire general eſt un peu ſurprenante , car il ſçait bien que lors qu'un Eveſque eſt mort, le Chapitre s'aſſemble & fait des Vicaires Generaux ; il ſçait encore que les Cardinaux font les Papes, pourquoy donc eſt-il ſurpris qu'un Sous-Vicaire general , fait par un Grand Maiſtre qui en a toute l'autorité, le Vicariat general & le Siege de la grande-Maiſtriſe vaccant, & qui a droit de l'exercer, nomme un Vicaire general y en devant avoir un neceſſairement , qui ſoit Eccleſiaſtique, pour pouvoir agir tant ſur le ſpirituel que ſur le temporel de l'Ordre , afin que tout ſoit dans les regles, lors que le Sous-Vicaire general eſt Seculier, comme l'eſt le ſieur de Courſon.

Monſieur le Procureur General de la Commiſſion confond les Vicaires generaux des Evêques, qu'on peut deſtituer à tout moment, avec ceux des Ordres militaires ; ce ſont des digni-tez deſquels ils ne peuvent eſtre dépoüillez qu'en-tre les mains d'une puiſſance legitime ; Le tître de cette dignité eſt ſi inherant en la perſonne qui l'a receu, qu'il n'eſt pas à ſon pouvoir d'y don-ner aucune atteinte, même quand il declareroit qu'il n'a pas ledit titre, & qu'il en a pris mal à propos la qualité.

Cette réponſe qui eſt conforme à l'Uſage, & à ce qui ſe pratique journellement, fait voir que la maxime que Monſieur le Procureur General de la Commiſſion veut établir ne peut pas eſtre receuë.

Son titre de Sous-Vicaire general prouvé & juſtifié, comme il vient de ſe faire, le conſolera toûjours de tout ce que Monſieur le Procureur General de la Commiſſion pourra dire contre luy. Il ne cherche pas à ſe juſtifier, que depuis les défenſes du 20. Aouſt 1693. il ait fait impune-ment, non ſeulement des Chevaliers, mais des Chevalieres duditOrdre, moyennant des ſommes conſiderables qu'il exige hardiment des uns & des autres ; Voilà des exagerations pathetiques, que la date des proviſions, auſſi bien que la pre-ſtation du ſerment & l'acceptation détruiſent.

Il ſemble qu'il trouve plus mauvais que ledit ſieur Huë de Courſon donne des Proviſions à des Chevaliers qu'à de Chevalieres ; S'il a quelque doute là deſſus, on le renvoye à l'art. 49. du cha-

.pitre de 1032. au quatriéme verſet de l'Office de
Sainte Marthe ci-deſſus rapporté; & à la lecture
de Mariana.

Voudroit-il refuſer aux Dames une gloire qu'elles ont merité par la grandeur de leur courage,
& n'enviſager en elles que la delicateſſe de leur
ſexe, pour s'en faire un pretexte de les priver d'un
honneur qu'elles ont acquis à la teſte des Armées,
en y combattant pour la deffenſe de la Religion.

Les Hiſtoriens des Guerres ſaintes nous four-
niſſent des Exemples celebres de cette verité,
entr'autres celui des Eſcadrons entiers de fem-
mes qui parurent dans les Croiſades du temps de *Paſquier. Belle-*
l'Empereur Conrad III. armées & montées ſur *foreſt. Nicetas*
des Chevaux, portant ſur leurs Cottes-d'Armes, *dans ſon hiſtoire*
une Croix en ſigne de Chevalerie. *de Conſtantino-*
ple.
Monſieur le Procureur general de la Com- *F. Martel de*
miſſion, ſçait bien que les Dames de Tortoze *luna dans ſon*
armées de haches, deffendirent ſeules, & ſans le *hiſtoire de Tor-*
ſecours des hommes, leur Patrie contre les atta- *toſe.*
ques des Ennemis qu'elles obligerent de lever le *La Rocque dans*
ſiege, & les chaſſerent honteuſement, & que *ſon traitté de*
Raymond Beranger Comte de Barcelonne, in- *la Nobleſſe au*
ſtitua en faveur de ces Heroïnes l'Ordre Mili- *chap. des Ordres*
taire de la Hache avec de grands Privileges, en- *militaires d'Eſ-*
tr'autres celuy de preceder les hommes dans tou- *pagne.*
tes les ceremonies publiques.

Il n'ignore pas auſſi que la Reine Eleonore *Favin dans ſon*
Theatre d'hon-
d'Aquitaine, femme du Roy Loüis VII. ſe croi- *neur & de Che-*
za en 1147. pour le voyage de la Terre Sainte, *valerie t. 2. l. 9.*
f. 1540.

où elle suivit le Roy son mary. Voicy les termes de Favin, qui rapporte cette Histoire dans son Theatre d'honneur & de Chevallerie. *Le Roy poussé d'un zele extréme de devotion fut le premier à prendre l'Estendard de la Croix, & aprés luy la Reine Eleonore son Epouse, excitant tous les Prelats & la Noblesse de leurs Estats à suivre leur Exemple ;* cela se passa au Parlement general, tenu à Vezelay en Bourgogne sur les Remontrances de Saint Bernard Abbé de Clervaux, qui prêcha la Croizade si vivement, que tous les Princes Chrestiens s'y engagerent.

Marie Comtesse de Flandre se croiza en 1192. pour la conqueste de la Terre sainte.

Marguerite de France, veuve de Bela Roy d'Hongrie fit la même chose en 1195.

Personne n'ignore qu'Elizabeth d'Angleterre se fit armer Chevaliere le jour de son couronnement, pour marquer par cet habit guerrier qu'elle estoit le chef des Ordres Militaires de ses Estats.

On trouve dans de vieux tîtres Latins, que des Filles, des Femmes & des Veuves estoient appellées Chevalieres ou Chevaleresses.

Que les Chanoinesses de Nivelle aprés leur reception sont faites Chevalieres, & que quand celles de Saint Quirin de Neuvs prennent le surplis le jour de leur reception, il est noüé par un Gentilhomme en signe de Chevalerie.

Il y a dans l'Isle de Chio à un Village qui est

du coſté du Septentrion qui étoit autrefois une aſſés grande Ville des femmes vêtuës d'une façon toute particuliere, elles portent toutes de grandes robes noires, les cheveux pendants negligemment ſur les épaules, ayant au col un grand Eſcu d'argent, au milieu duquel eſt repreſentée une épée ; elles ont à leurs oreilles des pendants faits en façon d'arc, ces marques ſont des témoignages de leur valeur, car leurs maris ayant eſté vaincus dans une bataille, les femmes prirent les armes & regagnerent ce que leurs maris avoient perdu. *Hiſtoire du voyage d'Italie & du Levant.*

Malthe a deux maiſons en France de Dames Chevalieres de ſon Ordre portant la Croix , & faiſant les meſmes preuves pour eſtre receuës que les Chevaliers, l'une eſt à Toulouze, & l'autre à l'Hoſpitalet Dioceſe de Cahors.

Onufrius Panvinus , dit qu'en Eſpagne les femmes ſont admiſes à l'Ordre de S. Jacques. *La Roque dans ſon Traité de la Nobleſſe.*

L'Ordre du Saint Eſprit a toûjours eu des Chevalieres, il y en a une maiſon celebre à Salamanque, & plus ancienne que le Chapitre de 1032. auquel leur grand Prieur , comme il a eſté dit cy-deſſus aſſiſta ; On voit dans le Poulier dudit Ordre pluſieurs Commanderies pour des Dames ; Il n'eſt pas ſurprenant que le ſieur Huë de Courſon Sous-Vicaire general dudit Ordre, ſe trouvant ſeul Officier legitime ait fait des Chevalieres, ayant devant luy l'exemple des Grands Maiſtres qui l'ont precedé.

Il reſte à faire voir la nullité des pretendus titres des ſieurs de Leſſac & du Colombier, le dernier paroiſt comme le remarque Monſieur le
Procureur general de la Commiſſion, dans la page 11. art. 2. 3. & 4. de ſon Memoire, avec un titre
different des autres ; il rapporte un *Sumptum* de
Cour de Rome, des Proviſions à luy accordées
par le Pape Clement X. de ſon propre mouve-
ment, de la Commanderie du Saint Eſprit de
Montpellier, comme vacante par la mort du
dernier poſſeſſeur, avec la clauſe de ſe faire Religieux profez de l'Ordre du Saint Eſprit dans l'an.
Il ne l'a pas fait, quoy qu'il y ait plus de vingt-
cinq ans qu'il a ſes Proviſions, leſquelles ſont
devenues abſolument nulles & caduques.

Outre le deffaut remarqué par Monſieur le
Procureur general de la Commiſſion, il y en a
un plus eſſentiel qui vient du fond du titre, nul en
luy-meſme. Clement X. n'ayant pas eu le pouvoir de donner les Bulles de cette Commanderie
que ſur un Brevet du Roy, dont la nomination
luy appartient, comme il a eſté juſtifié ci deſſus,
& dont Monſieur le Procureur general de la
Commiſſion ne doute pas, eſtant prépoſé pour
défendre les droits de ſa Majeſté inſeparables de
ſa Couronne.

Colombier s'attira par cette mauvaiſe conduite, la diſgrace de ſa Majeſté, qui pour l'en
punir le fit mettre à la Baſtille, afin de luy ap-
prendre, & à tous ſes Sujets d'eſtre plus retenus

à

à recevoir des graces du saint Siege , dans l'obtention desquelles il faut absolument que sa Majesté concoure.

Colombier prend ensuite du sieur Maria Phebei grand Maistre de Sainte Marie en Saxe , une Procuration de Visiteur & Vicaire general dudit Ordre en France & Provinces adjacentes ; & par là il est coupable de l'entreprise du grand Maître de Rome sur celuy de France. En l'une & en l'autre de ces deux qualitez il a presenté sa Requeste au Conseil , par laquelle il conclud à estre reintegré dans la possession & joüissance de toutes les Maisons , droits , biens & revenus dépendans dudit Ordre.

Ce nouveau titre est détruit par les Bulles d'Honoré III. de 1217. & d'Alexandre IV. de 1256. qui aprés avoir rompu l'union qui estoit entre la Commanderie generale de Montpellier, & celle de sainte Marie en Saxe (soûmise par sa fondation à Montpellier) ne veulent plus qu'il y ait rien de commun entre ces deux Commanderies , & les declarent indépendantes l'une de l'autre. C'est donc sans aucun fondement & contre les susdites Bulles que Maria Phebei a exercé une autorité qu'il n'a pas , & Colombier ne peut pas les presenter sans blesser de nouveau les droits de sa Majesté.

Ut nec istud illi, nec illud isti, in aliquo teneantur, nec vobis nec illis aliquid sit commune.

L'entreprise de ce grand Maistre a donné occasion au sieur Bernard Cazaly, de croire qu'il pouvoit comme luy faire les fonctions de grand

Maiſtre de Montpellier ; car il a preſenté ſa Requeſte au Conſeil, aux fins du rétabliſſement de l'Ordre du Saint Eſprit en France, comme s'il avoit quelque inſpection ſur les biens, & ſur les perſonnes ſoûmiſes au grand Maiſtre de Montpellier ; & qu'il ne ſçut pas ſa dépendance originaire & ſoûmiſſion à ce grand Maiſtre, qui l'a eſté dans ſon commencement de toute la Chrêtienté. C'eſt beaucoup à celuy de Rome que les Papes ci-deſſus citez l'ayant tiré de la legitime obeïſſance qu'il devoit de ſa naiſſance, à celuy de Montpellier. Ils n'ont donc aprés cette deſunion, comme on vient de le dire, rien de commun entr'eux, ni aucune dépendance l'un de l'autre. Le zele de Monſieur le Procureur general de la Commiſſion luy fera rejetter cette Requeſte, & mettre de juſtes bornes à l'entrepriſe des grands Maîtres de Rome.

On convient avec luy que le ſieur Collin de Leſſac n'eſt pas Vicaire general, non pas comme il allegue dans la premiere ligne du dernier art. de la pag. 10. par la raiſon, dit-il, que cette milice & cette chevalerie n'eſt qu'un corps fabuleux, qui n'a pas plus d'exiſtance & de realité que celuy des chevaliers errans, dont il eſt parlé dans les Romans.

De maniere qu'au langage de Monſieur le Procureur general de la Commiſſion, ſi la milice & la chevalerie ne ſont pas fabuleuſes, & qu'elles ayent plus d'exiſtence que les chevaliers errans,

Nec iſtud illi, nec illud iſti, in aliquo teneantur nec vobis nec illis aliquid ſit cõmune.

dont il eſt parlé dans les Romans, le ſieur Collin de Leſſac eſt Vicaire general.

Il paroiſt bien que Monſieur le Procureur general de la commiſſion ne s'eſt pas donné là peine d'examiner le titre de ce pretendu Vicaire general, qui ne raporte pas de Lettres de Chevalier, quoy qu'elles ſoient abſolument neceſſaires pour parvenir à cette dignité de Vicaire general, lequel dit dans ſon Factum pag. 10. article dernier, qu'il n'eſtoit que ſimple Chevalier, lors qu'il ſuppoſe luy quatriéme, avoir eu l'honneur de parler au Roy aprés la mort de Monſieur l'Evêque de Cezarée.

Ledit ſieur Collin de Leſſac doit avant toutes choſes, produire ſes Lettres de Chevalier, afin de faire voir qu'il n'en prend pas la qualité mal à propos. Il dit dans ſa production qu'avant ſa pretenduë élection au Vicariat general, il étoit ſimple Chevalier & Procureur general de l'Ordre du Saint Eſprit, ſans aucune preuve qui juſtifie ni l'une ni l'autre de ces deux qualitez.

Mais ſa hardieſſe va plus loin, à la dixiéme page de ſon Factum article dernier, il aſſure que le Roy luy dit qu'on pouvoit élire un Vicaire general, & cela dans le meſme temps que ſa Majeſté avoit deſſein & eſtoit à la veille d'unir cet Ordre à celuy de ſaint Lazare. Voila une contradiction manifeſte, qui fait voir qu'il n'a jamais eu l'honneur de parler au Roy des affaires de l'Ordre; ce langage luy eſtoit neceſſaire dans le public pour persuader ceux qui avoient la foiblesse de le croire.

Ce pretendu Vicaire general ne s'en tient pas là, il pousse le mensonge plus loin dans la page onziéme de son Factum article premier, Il n'en fallut pas davantage, dit-il, pour faire assembler un Chapitre general, sans nous dire qui l'a assemblé; l'on envoya des lettres circulaires. Cet On, qui assemble un Chapitre general & envoye des lettres circulaires, n'a point de nom. Il faut pourtant qu'il nous represente ce Chapitre pour voir qui y a presidé, les noms des Capitulans, & la déliberation qui y a esté prise, ils doivent l'avoir signée aussi bien que le Secretaire general de l'Ordre.

Il faut encore qu'on rapporte la déliberation particuliere, dans laquelle la convocation du Chapitre general a esté resoluë, & que les lettres circulaires seroient envoyées.

Impossibilité de la part dudit sieur Collin de Lessac, de representer des Lettres de Chevalier, n'en ayant jamais eu; supposition de ce Chapitre particulier, qui délibere l'assemblée d'un general; fausseté manifeste que ledit pretendu Chapitre ait esté assemblé, ni qu'on ait envoyé des lettres circulaires qui l'ayent indiqué à aucun temps prefix, & par consequent le titre de ce pretendu Vicaire general est fabuleux & supposé.

Il est certain que M. des Escures estoit en vie, exerçant les fonctions de sa grand Maistrise, lors

& aprés le temps auquel ledit fieur de Leffac fup-
pofe la tenue dudit pretendu Chapitre; cela eſt
juſtifié par une Requeſte preſentée par le fieur le
Franc au nom de Reviſeur de l'Ordre du Saint
Eſprit de Montpellier, répondue par le fieur des
Eſcures, & fignée, Jean Alexandre des Eſcures,
general & grand Maiſtre des Hoſpitaliers, au
Chaſteau de Sommery en Bourgogne le vingt-
ſeptiéme Decembre 1672. Cette Requeſte eſt en
original dans la production dudit fieur le Franc.

On n'a donc pas pû affembler aucun Chapitre
au préjudice de l'autorité dudit General grand
Maiſtre, qui vivoit & faiſoit les fonctions de ſa
charge, dont une des principales eſt de convo-
quer un Chapitre & d'y preſider, principalement
à un Chapitre general, pour la tenue duquel il
faut une permiffion expreffe du Roy, avec un
confentement du grand Maiſtre,, s'il ne peut y
eſtre en perſonne. C'eſt ce que ledit fieur de
Leffac ne rapporte pas dans ſa production.

On ne peut s'empeſcher de conclure que ledit
titre eſt faux & ſuppoſé, puiſque ledit fieur de
Leffac n'a jamais eſté Chevalier, que ces Chapi-
tres qu'il allegue ſont fabuleux, n'en rapportant
aucun, perſuadé que la ſimple lecture en décou-
vriroit la fauffeté & la ſuppoſition. Il a crû pouvoir hazarder dans ſa production ce pretendu titre, comme il a fait parmi quelques duppes, qui
ne l'examinant pas dans le fond, s'en ſont tenu à
l'apparence d'un ſceau attaché avec de petits

rubans de differentes couleurs, dont il se sert comme d'un prestige pour les amuser. Il n'en sera pas de mesme au Conseil, où il sera obligé de rapporter toutes les pieces qu'on luy demande, qui sont absolument necessaires pour l'établir, & ne pouvant y satisfaire son prétendu titre sera declaré nul.

On finit cette réponse aprés y avoir seulement ajoûté ce qu'un Regulier, ennemi declaré de la Milice en a dit dans son livre, qui porte pour titre, *La Défense du Chef de l'Ordre du Saint Esprit*, pag. 70. en ces termes.

Mais pour la Milice, dit il, parlant à Saunier partisan du grand Maistre de Rome, qu'il apprenne qu'elle n'est pas une fable, quoy que les livres qu'il cite n'en ayent dit mot, & que je luy accorde que Daviti en parle comme un Perroquet ; pour la verifier il y a assez de quoy dans les Archives de nostre Maison du Saint Esprit de Besançon ; j'en ay veu les Actes Capitulaires fort anciens, autentiques & sans soupçon ; où aprés les Commandeurs Prestres, les Chevaliers, Religieux & Croisez sont marquez en leur rang, avec cette éloge, *Milites Armati*.

Ce mesme Saulnier dans son livre qui a pour titre, *Le Chef de l'Ordre sacré du Saint Esprit*, chapitre sixiéme §. 2. declare que Guy grand Maistre de l'Ordre du Saint Esprit de Montpellier, estoit François de nation, revestu de la dignité de Comte de Montpellier, & laïc.

Peut-on penfer qu'un feculier foit grand Maître d'un Ordre purement regulier ; cet état laïque de l'aveu mefme de fon plus grand adverfaire prouve invinciblement la milice , qui trouve fon falut dans fes plus grands ennemis ; elle le trouve auffi dans la protection de nos Rois qui l'ont confirmée par leurs Edits & Lettres patentes ; il y en a d'Henry II. de l'anné 1553. de Charles IX. de 1569. d'Henry le Grand de 1608. de Louis XIII. d'heureufe memoire de 1610. 1612. & 1618. & de fa Majefté de 1647. & 1671. regiftrées au Grand-Confeil le 18. Juin de la mefme année , pour la direction des Hôpitaux , Maladeries & lieux pieux de l'Ordre & Milice du Saint Efprit. Ce font les termes de cet Edit qui énonce le Chapitre de 1032. contre lequel Monfieur le Procureur general de la Commiffion fait tant d'efforts inutils.

Frere Grandvoynet a produit luy-mefme cet Edit , qui donne des armes à la Milice pour triompher de fes plus cruels ennemis puis qu'on l'y trouve formellement reconnuë & confirmée par la Bulle du Pape Innocent III. & que l'execution du Chapitre 1032. y eft auffi ordonnée, il reconnoît qu'il y en a une expedition attachée fous le contre-fcel de cet Edit , dans le temps que feu Monfieur Seguier eftoit Chancelier & garde des Sceaux de France , c'eft à dire que le plus grand & le plus éclairé Magiftrat du Royaume rempliffoit la premiere dignité de la robe.

On efpere que Monfieur le Procureur general

de la Commiſſion ſe rendra à des ſentimens qu'il eſt obligé meſme de défendre pour remplir le plus important des devoirs de la Commiſſion que ſa Majeſté luy a confiée, & qu'il n'affectera plus de combatre une Milice & une Chevalerie ſi ancienne que celle du Saint Eſprit de Montpellier, approuvée & reconnue par les ſouverains Pontifes, autoriſée par la ſacré volonté de nos Rois, ſi nettement expliquée dans leurs Brevets & dans les Arreſts de leur Conſeil, & ſi bien établie par les Arreſts des Cours ſuperieures les plus celebres. Aprés cela il ne doit plus la renvoyer dans les terres inconnues, où il dit par raillerie qu'elle a pris naiſſance.

Il ajoûte à la page 6. de ſon Memoire article premier, qu'il n'y a que la Milice & la Chevalerie du Saint Eſprit, dont la ſource comme celle du Nil, ayant eſté inconnue à tous les anciens qui n'ont pû penetrer juſques-là, a été découverte dans les derniers temps, ainſi que celle de ce fleuve, par des Autheurs modernes qui ont eſté aſſez hardis pour l'aller chercher juſques dans les montagnes de la lune, ou dans les eſpaces imaginaires de leurs viſions chimeriques, en la rapportant à ſainte Marthe, que l'on doute fort aujourd'huy avoir jamais paſſé en France avec le Lazare, contre la tradition & la credulité des peuples du bas Languedoc & de la Provence.

Il eſt donc vray par le raiſonnement de Monſieur le Procureur general de la Commiſſion, que

comme

comme le Nil ne laiſſe pas d'eſtre, quoique les
anciens n'ayent pas connu ſa ſource, il peut y
avoir des choſes dont l'exiſtance eſt certaine in-
dependemment de la connoiſſance de leur principe, & que c'eſt manquer de bonnes raiſons pour
juſtifier ſon incredulité, de renvoyer ce que l'on
ne ſçait pas dans les Montagnes de la lune, ou dans
les eſpaces imaginaires des viſions chimeriques.

Monſieur le Procureur General de la Commiſſion ne perſuadera pas que les Peuples de
Languedoc & de la Provence donnent dans les
viſions, & qu'ils ayent des credulitez ſur l'arri-
vée de Sainte Marthe en France, qui ne ſoient
ſoûtenuës par une tradition authentique, receuë
generalement de tous ceux qui ont pris ſoin de
s'en inſtruire.

Car outre la tradition & les preuves cy-deſſus
rapportées priſes de l'Office de Sainte Marthe, du
Breviaire imprimé à Paris en 1553. & du Romain
rétably par le S. Concile de Trente, & approuvé
par ſept Papes. On ajoûte icy ce que diſent Meſſieurs de Fermanel Conſeiller au Parlement de
Normandie, & Fauvel Maiſtre des Comptes en
la meſme Province dans leur voyage d'Italie &
du Levant page 394. article dernier permis d'im-
primer à Roüen en 1664. par Arreſt de ce Parlement du 6. Septembre 1664.

Ce lieu, diſent-ils, parlant de la ville de Jaffa,
nous eſt fort conſiderable pour avoir autrefois
ſervi de port à la Terre Sainte, ce fût en ce

L

lieu où le Roy Salomon tint ſes vaiſſeaux , &
où arriverent les Cedres qui luy furent en-
voyez de Tyr pour bâtir ſon Temple , ce fût
en ce meſme endroit que le Prophete Jonas
s'embarqua fuïant la face de Dieu, lors qu'il luy
commanda de preſcher la ruine de Ninive , ce
fût auſſi en ce meſme lieu que les Juifs mirent
dans un Vaiſſeau , qui n'avoit ny voiles ny rames,
ny timon , Sainte Marie Magdelaine , Sainte
Marthe ſa ſœur , Saint Lazare leur frere , & quelques autres , dans lequel ils traverſerent miracu-
leuſement quantité de Mers , & vinrent ſurgir
heureuſement en France.

Ces deux Autheurs ne ſont ny de Languedoc,
ny de Provence , ils ſont de Normandie, Province remplie de perſonnes tres-ſçavantes, qui ont
infiniment d'eſprit & beaucoup de Politeſſe , M.
le Procureur General de la Commiſſion ne peut
pas rebuter leur témoignage.

La comparaiſon qu'il fait du Nil à la Milice de
l'Ordre du Saint Eſprit pour en detruire la verité , tourne victorieuſement à l'avantage dudit
Ordre , comme on vient de le faire voir , & d'ailleurs l'on peut dire , que comme ce fleuve porte l'abondance dans toutes les Terres où il re-
pand ſes eaux ; Cette illuſtre Milice a procuré des
biens infinis aux pauvres , aux Orphelins , & à
un grand nombre de malheureux lors qu'elle
s'eſt répanduë dans la France , & dans les autres
Royaumes plains des monuments de leur pieté

de leur zele pour la Religion , & d'une fidelité inviolable pour leurs Souverains.

Eſtienne Grandvoinet s'efforce de détourner ces eaux ſalutaires de leur canal naturel , & de les faire tomber dans quelque maiſon qui ſe dit reguliere , pour y diſſiper le patrimoine des pauvres , & y devorer leur ſubſtance , s'il n'avoit en veuë que leur intereſt , le verroit-on agité d'une paſſion violente de s'enrichir , oublier le vœu ſolemnel qu'il a fait , de ſe contenter de pain & d'eau, d'eſtre ſimplement veſtu, & de ne ſe meſler des affaires de l'Ordre en aucune façon comme ſa regle luy ordonne.

Si M. le Procureur General de la Commiſſion n'avoit pas défendu expreſſement au feu Sr. Macé qui en eſtoit le Greffier , de communiquer aucuns des tîtres de l'Ordre du Saint Eſprit qui étoient en ſa poſſeſſion , le ſieur Huë de Courſon Sous-Vicaire general les auroit produit , ils auroient pû fortifier la juſtice de ſa cauſe , en levant toutes ces difficultez.

On a crû par ces deffenſes luy ôter les preuves de la Milice ; mais le Saint Eſprit dont il deffend les interêts avec chaleur , les prieres des pauvres qu'il s'efforce de rétablir dans leur Patrimoine , Dieu meſme qui connoît ſon interieur , & qu'il ne travaille que pour ſa gloire , pour laquelle il conſomme tout ſon bien , & ſouffre de grandes perſecutions , luy donneront la victoire ſur tous ſes ennemis.

L ij

Les Militaires efperent que Monfieur le Procureur General de la Commiffion les aidera de
fon Miniftere pour la remporter , puifque conformement à ce qu'il dit dans la premiere page
de fon Memoire art. 1. Il n'y a rien de plus important , & qui merite davantage l'application de
Meffieurs les Commiffaires que l'execution des
Edits & Declarations de Sa Majefté , pour remettre les pauvres dans la poffeffion de tous les
biens dudit Ordre , leur veritable patrimoine,
qui ont été la plûpart ufurpés par des mains laï-
ques & profanes.

Il ne fçauroit plus douter de la milice jufti-
fiée par tant d'Edits , tant de Lettres Patentes,
Arrefts du Confeil Privé , du Grand Confeil & de
plufieurs Parlemens , entr'autres de celuy de Bordeaux, par des Bulles des Papes , d'Innocent III.
au raport de Baronius dans fes Annales Latines,
de Paul V. & autres Pontifes, citée dans tant de
paffages d'Hiftoires , foûtenuë par des Donations
faites audit Ordre avant Innocent III. & par le
Chapitre de 1032. qui eft couvert par une infinité
d'Arrefts contradictoires , & dont l'execution eft
ordonnée par l'Edit de Sa Majefté , donné à Dunkerque en 1671. & enfin raportée par divers Auteurs d'un grand merite parmy les Sçavans , qui
tous conviennent que cet Ordre eft Militaire &
Regulier.

Pour fuivre le raifonnement de Monfieur le
Procureur General de la Commiffion , on n'a

pû s'empefcher de repandre en differents articles de cette réponfe, les dates des titres qui établif-fent le droit & la qualité des fieurs des Efcures & de Courfon, il eft neceffaire de les ramaffer icy, & de les placer dans leur ordre naturel, en fai-fant une recapitulation fuccincte du fommaire & du precis de ce qu'ils contiennent, pour détrom-per le public des fauffes impreffions que Monfieur le Procureur general luy donne par fon Memoire, y foûtenant que ledit fieur de Courfon n'eft pas fous Vicaire general de l'Ordre, n'en ayant ja-mais eu dit il page 10. art. 2. d'autre titre que du fieur des Efcures, qu'il affure n'avoir auffi jamais eu ny Brevet, ny Bulles de la grande Maîtrife de cet Ordre.

Donc, en retorquant contre Monfieur le Pro-cureur General de la Commiffion fon propre ar-gument, il convient que ledit fieur de Courfon eft veritablement Sous-Vicaire General, puifque ledit fieur des Efcures a efté auffi veritablement pourvû de la grande Maiftrife par Brevet du Roy, confirmé par Bulles du Saint Siége. Voicy le fait bien juftifié, & toutes fes preuves ramaffées.

Le Brevet de la grande Maiftrife accordé par le Roy au fieur des Efcures eft du quatriéme Jan-vier 1656.

La Bulle accordée fur ledit Brevet par le Pa-pe Alexandre VII. eft du 14. May 1659.

La prife de poffeffion réelle, actuelle & cor-porelle de la grande Maiftrife faite par ledit fieur des Efcures en perfonne en la Ville de Montpellier eft du 15. Juin de la mefme année 1659.

Les provifions de Sous-Vicaire General données par ledit fieur des Efcures aud.t fieur de Courfon font du 25. Fevrier 1663.

L'Arreft contradictoire du Confeil Privé rendu au rapport de Monfieur de Bercy, qui reconnoît ledit fieur des Efcures Commandeur General, & grand Maiftre de l'Ordre & Milice du Saint Efprit eft du 13. May 1664. dans le vû duquel font énoncez plufieurs autres Arrefts contradictoires du Grand Confeil des 9. May, 13. Juillet 1662. & 20. May 1663. qui reconnoiffent pareillement ledit fieur des Efcures pour grand Maiftre dudit Ordre & Milice.

Le Bref du Pape Alexandre VII. addreffé à M. l'Archevêque de Narbonne, & autres Evêgues y denommez, par lequel ce Pape reconnoît ledit fieur des Efcures pour Grand-Maiftre dudit Ordre & Milice eft de l'année 1665.

L'Arreft contradictoire du Confeil Privé rendu au rapport de Monfieur d'Aguelleau, entre ledit Sieur des Efcures, & le nommé Gautier, qui reconnoift pareillement ledit fieur des Efcures pour Grand Maiftre de l'Ordre & Milice du Saint Efprit, eft du 15. May 1665. Cet Arreft annulle l'effet de celuy rendu fur fimple Requefte le 7. Novembre 1657. fur les avis du fieur de Marca Archevêque de Toulouze, & du Pere Annat Confeffeur du Roy, qui avoit maintenu ledit

Gautier dans la grande Maiſtriſe de l'Ordre dont il avoit ſurpris à Rome une Bulle obreptice & ſubreptice, ſans en avoir auparavant obtenu le Brevet du Roy, parce que ledit ſieur des Eſcures juſtifia que ledit Gautier avoit eſté declaré Apoſtat des Capucins par un Decret de la Congregation des Cardinaux du 24. Novembre 1641. & par une Bulle du Pape Innocent X. du 24. Novembre 1646. confirmez par un Arreſt du Grand Conſeil du 28. Juin 1652. contradictoirement rendu entre ledit Gautier, les Religieux Capucins qui le reclamoient, & qui par cet Arreſt eurent permiſſion de le renfermer chez eux, & les autres Parties y dénommées.

La Sentence du Chaſtelet que Monſieur le Procureur general de la Commiſſion oppoſe à Monſieur des Eſcures, par laquelle il pretent, qu'ayant eſté condamné à une peine infamante, il n'a pû donner de caractere ny de pouvoir legitime à ſa Milice eſt du ſeptiéme Octobre 1667.

L'Arreſt du Parlement de Paris qui l'a infirmée eſt du 29. May 1668.

Et quand cette Sentence ſubſiſteroit encore dans toute ſa force (que non) elle ne pourroit faire aucun préjudice au titre du ſieur de Courſon, ny alterer le pouvoir qu'il luy donne de faire des Chevaliers, & toutes les autres fonctions qui en dépendent, puis qu'elle eſt poſterieure à ce titre de quatre années huit mois, par conſequent ce titre eſt invulnerable.

Aprés une ſi exacte obſervation des dates de tous ces faits eſtablis ſans replique, y il a lieu d'attendre de la Juſtice de Monſieur le Procureur General de la Commiſſion, que ne pouvant plus douter de l'exiſtance de cet Ordre & de ſa Milice, reconnoiſſant même que ledit ſieur des Eſcures legitimement Grand-Maiſtre, a fait le ſieur de Courſon Sous-Vicaire General par un titre qui ne peut eſtre valablement conteſté, il changera les Concluſions fâcheuſes qu'il a priſes dans cette affaire pour en donner de plus favorables pour les pauvres & leurs illuſtres deffenſeurs qui ſe ſont engagez dans la Milice de l'Ordre du Saint Eſprit, dans une veuë ſi pieuſe, & ſi conforme à l'état de Chevaliers veritablement Chrétiens.

OBSERVATIONS

SUR UN CAHIER IMPRIME',

Contenant l'Extrait de plusieurs Arrests, tant du Conseil que du Parlement de Paris, produit par Monsieur le Procureur general de la Commission, & dont il se sert pour detruire à ce qu'il pretend les Titres de Grand Maistre de l'Ordre des sieurs de la Terrade & des Escures, & consequemment celuy de Sous Vicaire general, donné au sieur de Courson par ledit sieur des Escures.

LA premiere chose qu'on peut dire en general contre ces Arrests est, que pour y répondre juste, il seroit necessaire qu'ils fussent expediez dans leur entier en forme probante, y ayant grande apparence qu'ils sont tronquez, & il est certain que des Extraits de la maniere informe qu'ils sont produits, ne peuvent jamais faire foy en Justice.

On ne laissera pas neanmoins de faire les observations suivantes, en particulier sur chacun de ces Extraits d'Arrests, qu'on va faire voir estre avantageux à l'Ordre & à ses Officiers, bien loin de leur faire aucun préjudice comme le pretend Monsieur le Procureur general de la Commission.

M

Dans cet Arreſt du Conſeil Privé, il y a pluſieurs Parties, le Cardinal Barberin en qualité de grand Aumônier de France ; Gabriel la Coüa Aumônier du Regiment des Gardes, ſe pretendant Chapelain de la Chapelle de Sainte Valere, fondée au Faubourg ſaint Marcel à Paris, vulgairement appellée l'Hôpital de la Charité Chrêtienne. Le ſieur de la Terrade Grand Maiſtre de l'Ordre & Milice du Saint Eſprit de Montpellier, Grand Archihoſpitalier de la Chreſtienté ; & le ſieur des Eſcures Comte de Lyon ſon Vicaire generaliſſime.

Par cet Arreſt rendu au rapport de M. Laîné de la Marguerie, il eſt ordonné que les Parties ſeront ſommairement oüies pardevant le Rapporteur, pour à ſon rapport leur eſtre fait droit, & cependant ſurcis à toutes pourſuites ailleurs qu'audit Conſeil, juſqu'à ce qu'autrement en ait eſté ordonné.

Ce premier Arreſt ne bleſſe en aucune maniere la qualité de General Grand Maiſtre de l'Ordre & Milice, priſe par M. de la Terrade ; au contraire cette qualité luy ayant eſté donnée dans ledit Arreſt, elle eſt cenſée luy appartenir, & l'Arreſt l'approuver.

Il eſt à remarquer que M. le Cardinal Barberin ni le ſieur la Coüa ne luy conteſtoient pas, lors de ce premier Arreſt, la qualité de Grand Maiſtre de l'Ordre & Milice du Saint Eſprit. M. le Cardinal demandoit ſeulement que défenſes

luy fuſſent faites , & au ſieur des Eſcures de donner aucunes Proviſions des Hôpitaux , Maladeries &c. Cela ne peut , & ne doit s'entendre que
de celles qui ſont à la nomination du grand Aumônier, & non pas en general , puiſque le grand
Conſeil par ſon Arreſt contradiƈtoire du 17. Decembre 1644. rendu entre le Cardinal de Lyon
grand Aumônier de France , & le ſieur de la
Terrade en ladite qualité de grand Maiſtre de
l'Ordre & Milice du Saint Eſprit , & grand Archihoſpitalier de la Chreſtienté , regle le droit de
nomination de ces deux Officiers ſur les Hôpitaux & Maladeries , qui par cet Arreſt ſont de-
clarez eſtre tous à la nomination du grand Maître de l'Ordre du Saint Eſprit , excepté ceux qui
ſe trouveront de fondation Royale , dont la Collation eſt reſervée au grand Aumônier. Ledit la
Coüa qui n'avoit pas trouvé ſon compte au Parlement de Paris, demande la caſſation de l'Arreſt & Ordonnance qu'il a rendu le 6. & 11. Septembre 1653.

Ce ſecond Arreſt contradiƈtoire rendu au Conſeil Privé , au rapport de M. Ponſet Maiſtre des
Requeſtes, entre les Parties nommées dans le
precedent Arreſt , les renvoye au grand Conſeil,
avec défenſes au Parlement de Paris & tous autres Juges d'en connoiſtre , & fait défenſes audit
ſieur de la Terrade de recevoir d'ans l'Ordre aucun Religieux , & de délivrer des Proviſions d'aucuns Hôpitaux ou Maladeries , & à toutes per-

M ij

fonnes de s'en fervir, à peine de punition corporelle.

Dans le veu de cet Arreſt, il eſt fait mention
du procés verbal du 31. Octobre precedent, portant reglement fommaire pris entre les Parties au
Conſeil, contenant la Requeſte verbale de M. le
Cardinal Antoine Barberin grand Aumônier de
France, tendante à ce que défenſes fuſſent faites
audit ſieur de la Terrade de prendre la qualité de
General grand Maiſtre de l'Ordre & Milice du
Saint Eſprit de Montpellier, & d'Archihoſpitalier
de la Chreſtienté, & au ſieur des Eſcures celle de
ſon Vicaire generaliſſime.

Trois motifs ont pû engager Monſieur le
Cardinal Barberin à faire ces demandes. Le premier pour avoir la nomination de tous les biens
de l'Ordre. Le deuxiéme qu'eſtant Italien &
Cardinal, il a voulu favoriſer les Grands Maîtres de ſainte Marie en Saxe dans leur entrepriſe
ſur l'autorité legitime des grands Maiſtres de
Montpellier, qui le ſont originairement de ſainte
Marie en Saxe, & du reſte de la Chrêtienté. Et
le troiſiéme pour aneantir tacitement l'Arreſt
contradictoire du Grand-Conſeil du 17. Decembre 1644. rendu avec mondit ſieur le Cardinal de
Lyon grand Aumônier, duquel il n'a jamais oſé
demander la caſſation. C'eſt veritablement un
Arreſt qu'on peut dire eſtre ſi ſolemnel, & rendu
avec ſi grande connoiſſance de cauſe.

Il eſt tres important de remarquer que ſuivant

cet extrait produit par M. le Procureur general
de la Commiſſion, non ſeulement ce ſecond Arreſt du 23. Decembre 1653. ne prononce rien ſur la
Requeſte verbale de M. le Cardinal Barberin, de
laquelle il vient d'eſtre parlé ; mais au contraire
l'Arreſt donne au ſieur de la Terrade la qualité
de grand Maiſtre de l'Ordre & Milice du Saint
Eſprit, Archihoſpitalier de la Chreſtiente ; par
conſequent continuation de reconnoiſſance par
ſa Majeſté de la qualité de Grand Maiſtre de
l'Ordre & Milice du Saint Eſprit, en la perſonne
dudit ſieur de la Terrade.

Cet Arreſt eſt rendu ſans Partie, mais ſeule- *3. Arreſt 11. Avril*
ment ſur ce qui a eſté repreſenté ſans dire par qui. *1654.*
On ſçait le cas qu'on fait de ces ſortes d'Arreſts.
Il eſt precedé comme on vient de le remarquer,
d'un autre Arreſt contradictoire du grand Conſeil
du 17. Decembre 1644. entre M. le Cardinal de
Lyon grand Aumônier de France, & M. de la
Terrade grand Maiſtre de l'Ordre du S. Eſprit
de Montpellier, par lequel ſa qualité de grand
Maiſtre eſt reconnuë & confirmée, & la Bulle
d'Urbain VIII. qui eſt le titre dudit ſieur de la
Terrade, enregiſtrée au Greffe du Grand Conſeil. On voit aprés cela le merite de ce troiſiéme
Arreſt, donné ſans Partie le onziéme Avril 1654.
lors qu'il y a un grand Maiſtre de l'Ordre étably
par un Brevet du Roy, & confirmé par Bulles
du Saint Siege.

Cet Arreſt comme le precedent, eſt rendu *4. Arreſt 19.*
May 1656.

sur ce'qui a esté representé au Roy , sans dire par qui.

Il est surprenant que le nommé Nicolas Gautier , declaré Apostat par un Decret de la Congregation des Cardinaux du 24. Novembre 1645. & par une Bulle d'Innocent X. du 24. Novembre 1646. confirmés par Arrest contradictoire du Grand Conseil du 28. Juin 1652. qui ordonne sur les Conclusions de Monsieur le Procureur general dudit Grand Conseil , que ledit Gautier sera pris au corps , mené aux Capucins de cette Ville pour estre conduit au Convent des Capucins où il a fait sa profession , ait la hardiesse de remettre devant Messieurs les Commissaires , des titres subreptices & obreptices de sa pretenduë qualité de Grand Maistre de l'Ordre du Saint Esprit ; Un Apostat notoirement reconnu , chassé par le susdit Arrest du Grand Conseil de l'Aumonerie de Champigny , estant reconnu Capucin , reclamé par son Gardien à qui le susdit Arrest donne la liberté de le faire arrester prisonnier comme un Apostat insigne , censuré pour son Apostasie par l'Evêque de Poictiers son Evêque Diocesain.

Avis des Commissaires du 25. Mars 1657.

Peut-on s'imaginer , que si les Commissaires eussent eu connoissance du Decret de la Congregation des Cardinaux du 24. Novembre 1645. de la Bulle du Pape Innocent X. du 24. Novembre 1646. de l'Arrest du Grand Conseil du 28. Juin 1652. qui le declare Apostat , & ordonne à la Requeste du Gardien des Capucins qui le recla-

95

moit, qu'il fera pris au corps, conduit au Convent des Capucins de cette Ville, pour eftre rendu à celuy où il a fait fa profeffion, euffent efté d'avis que Nicolas Gautier fut maintenu & gardé en la qualité de Grand Maiftre de l'Ordre du Saint Efprit, euffent ils propofé au Roy un Apoftat? Ce feroit mal faire leur Eloge que de le penfer, & rien ne feroit plus injurieux à ces Commiffaires que de le croire.

6. *Arreſt du Cŏ-feil* 7. *Sept.* 1657.

On ne peut donc pas introduire ce malheureux perfonnage fur la Sçene, & le regarder comme un Grand Maiftre de l'Ordre qui n'a pû conformement aux Regles de fes Freres les Capucins efter à droit, ny en deffendant, ny en demandant, mais qui a dû demeurer dans le filence de fa Cellule, & y faire une penitence qui reparât le fcandale de fon Apoftafie.

Il ne faut point d'autre réponfe à l'Arreft du 19. May 1656. à l'avis des Commiffaires du 25. Mars 1657. qui a fervi de fondement à l'Arreft du Confeil Privé du Roy, rendu au rapport de M. Ponfet Maiftre des Requeftes par deffaut, en faveur du fufdit Gautier Apoftat.

On eft obligé même de dire, que l'avis des Commiffaires, & cet Arreft rendu en confequence bleffent les Droits du Roy, ledit Gautier n'ayant point eu de Brevet de nomination de Sa Majefté, ce feul deffaut fuffifoit pour l'exclure.

La lecture de cet Arreft rendu par forclufion

7. *Arreſt.* 16. *Novemb.* 1668.

fait voir deux choſes. La premiere , que Monſieur de Baſoches a pretexté pour l'obtenir , avoir
des Droits imaginaires de certains Particuliers,
dont pas un ne ſe trouve nommé par Sa Majeſté ,
ny par conſequent pourvû en Cour de Rome de
la Grande Maiſtriſe de Montpellier.

La ſeconde , que ledit ſieur de Baſoches paroit
avec un Brevet ſurpris de ſa Majeſté , le ſieur des
Eſcures n'ayant pas fait aucune demiſſion de ſa dignité , & en ayant eſté revétu juſques à ſa mort ;
Monſieur de Bazoches n'a pû eſtre nommé que
ſur une demiſſion volontaire dudit ſieur des Eſcures , ou ſur une vacance de cette dignité par la
mort naturelle du titulaire , ou par une mort ci-
vile , qui l'ait par un Jugement legitime dépoüil-
lé , degradé , & declaré incapable d'eſtre revétu
de cette dignité.

On ne ſçauroit en raporter aucun , & par conſequent ſe prevaloir de cet Arreſt par forcluſion
contre le ſieur des Eſcures : On en tire au contraire un grand avantage pour l'Ordre ; C'eſt que
cet Arreſt fait voir ſeulement la neceſſité qu'il y
a d'avoir un Brevet du Roy , & enſuite des Bulles
du Saint Siege pour pouvoir eſtre veritable & legitime Titulaire de la Grande Maiſtriſe ; C'eſt
la ſeule & bonne reflexion qu'on peut faire ſur
cet Arreſt.

On ne diſconvient pas que le Chaſtelet n'ait
rendu une Sentence contre le ſieur des Eſcures ,
par laquelle il a eſté condamné à eſtre mandé
à la

à la Chambre, & y estre blâmé à genoux, teste nuë, en 48. livres d'amende envers le Roy, & pareille somme au pain des prisonniers, avec défenses de prendre la qualité de Grand Maistre de l'Ordre du Saint Esprit de Montpellier.

Il y a eu deux differentes appellations interjettées de cette Sentence, l'une par Monsieur le Procureur General du Parlement *à minima*, & l'autre par le sieur des Escures, demandant la cassation de cette Sentence, qui luy fait défenses de prendre la qualité de Grand Maistre.

Arrest du Parlement de Paris du 29. May 1668. par lequel sur l'apel *à minima* ledit Sr. des Escures est condamné au bannissement pour neuf ans hors le ressort du Parlement de Paris ; Et sur l'apel dud. Sr. des Escures la Sentence du Châtelet est infirmée, en ce qu'elle luy fait défenses de prendre la qualité de Grand Maistre de l'Ordre & Milice du Saint Esprit, laquelle luy est conservée par ledit Arrest.

Si l'on n'affectoit pas de donner ces Extraits d'Arrests tronquez, on verroit qu'ils ne peuvent nuire ausd. Srs. de la Terrade & des Escures; qu'au contraire ils leur font avantageux, car celui cy dont l'expedition est en bonne forme dans la production du Sr. Huë de Courson sous-Vicaire General, confirme audit sieur des Escures sa qualité de Grand Maistre de l'Ordre, en infirmant la Sentence du Chastelet ; Dans cet Extrait on ne

9.
29. May 1668.

N

voit pas cela, mais ſeulement la peine portée par la Sentence qui degrade led. ſieur des Eſcures, & le Banniſſement ordonné par le Parlement : Cela fait voir le ſoin qu'on prend dexpoſer ce qui peut nuire à l'Ordre, & de cacher ce qui luy eſt avantageux.

10.
14. *Fev.* 1669.

Cet Arreſt ſur Requeſte marque que le ſieur de Bazoches agit toûjours comme ſi effectivement le Brevet que ſa Majeſté luy a donné de la Grande Maiſtriſe de l'Ordre du Saint Eſprit de Montpellier n'étoit pas nul, attendu que le ſieur des Eſcures, comme il a eſté ci-deſſus remarqué, n'en a fait aucune demiſſion, qu'il n'en a pas eſté depoüillé par aucun Jugement ſubſiſtant ; & qu'enfin il eſt mort reveſtu de cette dignité.

Mais quand ledit Brevet ſeroit auſſi bon qu'il eſt nul, les Demandes qu'il fait au Grand Conſeil ſont prematurées, il n'a aucun droit comme ſimple Brevetaire du Roy, de demander que les Chevaliers Commandeurs dudit Ordre, & autres Officiers ſoient obligez de rapporter entre ſes mains les titres de leurs qualitez : Pour faire cela valablement, il falloit qu'il eût obtenu des Bulles ſur ſon Brevet, & en conſequence qu'il eût pris poſſeſſion de la Grande Maiſtriſe, ſans cela tout ce qu'il a fait eſt nul de toute nullité.

Enfin tout ce qu'on lit dans cet Extrait imprimé d'Arreſts, qui ne ſont pas raportez dans leur entier, contraires à Monſieur de la Terrade, eſt renversé par l'Arrest contradictoire du Grand Conseil, rendu entre le Cardinal de Lyon Grand Aumônier de France , & le sieur de la Terra-de Grand Maistre de l'Ordre Militaire & Regulier du Saint Esprit du 17. Decembre 1644. auquel il n'a esté donné aucune atteinte , & qui par consequent subsiste dans toute sa force , la cassation n'en ayant jamais esté demandée ; Cet Arrest est precedé de plusieurs Arrests du Parlement de Bourdeaux , entr'autres de celuy du 23. Aoust 1623. qui enjoint au premier Huissier ou Sergent sur ce requis , de mettre le Decret decerné par le sieur de la Terrade Grand Maistre dudit Ordre à l'encontre de Frere Guibert Religieux dudit Ordre à execution à peine de mille livres d'amende , ce qui justifie que le Parlement de Bourdeaux qui ne peut pas estre suspect à Monsieur le Procureur General de la Commission a toûjours reconnu ledit sieur de la Terrade pour Grand Maistre.

Cet Extrait ne sçauroit nuire à Monsieur des Escures, aprés ce qui vient d'estre justifié à l'égard de Gautier , & d'ailleurs la prise de possession réelle , actuelle , & corporelle de la Grande Maistrise de Montpellier , faite sur les lieux par ledit sieur des Escures en personne , en vertu des Bulles qui luy furent accordées par le Pape Alexandre VII. le 15. Juin 1658. sur le Brevet de Sa Majesté du 4. Janvier 1656. le font reconnoiſtre Grand Maiſtre, Canoniquement pourvû, & par conſequent en droit de donner des Proviſions de Sous-Vicaire General au Sieur Huë de Courſon, dont le Titre eſt très certain.

Monſieur DE MARILLAC, *Conſeiller d'Etat, Rapporteur.*

A PARIS, Dans la Grande-Salle du Palais, chez Pierre Filleau, Libraire, au ſecond Pilier, vis-à-vis la Cour des Aydes, à la Clef de Saint Pierre. 1699.